FALKEN
ZDF-FERNSEHBUCH

Birte Pröttel

Strick mit!

Ein Kurs für Anfänger

FALKEN
VERLAG

Viel Freude an der Erstellung der Fernsehserie »Strick mit« hatten:
Ulrich Hoyer als Regisseur,
Eckhardt Dutte als Aufnahmeleiter,
Hein Hindrichkeit als Kameramann,
Manfred Salinger als Kameraassistent,
Bernd Jost als Tonmeister,
Editha Vesely als Cutterin,
Klaus Mäck als Maskenbildner,
Norbert Bußmann als Requisiteur,
Werner Bach als Puppenspieler,
Angelika, Claudia, Gabi, Hilde, die beiden Martinas, Mika, Natascha, die beiden Susannen, Thomas und Verena als Mitstricker und Mannequins und Birte Pröttel als Drehbuchautorin, Moderatorin und Vorstrickerin.
Daß auch alle Maschen richtig waren, das überprüfte Heribert Beigel, der Redakteur im Kinder- und Jugendprogramm des ZDF.
Daß alles klappte, dafür sorgte Alfred Noell und die Cine-Relation, in deren Studio wir im Juni 1979 gedreht haben.
Die Modellentwürfe stammen von Birte Pröttel; in die Tat umgesetzt haben sie die Firmen Schoeller, Schachenmayr, Wollservice, MEZ, Seiden- und Garn, Ackermann, Gebrasa und Junghans, denen wir für ihre Mühe herzlich danken. Gleicher Dank gilt der Firma INOX, die uns die Stricknadeln zur Verfügung stellte.

CIP-Kurztitelaufnahme der Deutschen Bibliothek

Pröttel, Birte:
Strick mit: e. Kurs für Anfänger/von Birte Pröttel.
Niedernhausen/Ts.: Falken-Verlag, 1979.
(Falken-ZDF-Fernsehbuch)
ISBN 3-8068-5094-1

ISBN 3 8068 5094 1

Fotos: Eberhard Aug, Birte Pröttel
Schnittmusterzeichnungen: Arnim Ruchholtz
Gesamtherstellung: H. G. Gachet & Co., Langen b. Ffm.

817 2635 4453 62

Inhalt

Mitstricken und Selbermachen *6*

Kraus rechts, Quasten, Pompons *7*
Anschlag *7* · Rechte Maschen *7* · Randmaschen *8* · Abketten *8* · Fransen *8* · Quasten *9* · Pompons *9* · Ringelpulli *9* · Poncho *10* · Ärmellose Weste *12* · Pompontiere *12* · Schlaf-Schaf *14*

Kreuzanschlag und linke Maschen *15*
Kreuzanschlag *15* · Nadel und Garn *16* · Linke Masche *16* · Glatt rechts stricken *16* · Muster *17* · Strickschrift *17* · Maschenprobe *18* · Mollige Winterjacke *18* · Sonnentop *20* · Flottes Sommerjäckchen *21* · Patente Ski-Mütze *22*

Zunahme und Umschlag *24*
Zunehmen *24* · Umschlag *24* · Perlzunahme *24* · Laufmaschenmuster *25* · Patentmuster *25* · Poncho *26* · Super Pullover *26* · Patent-Pullover *29* · Lampenschirm *29* · Strickpuppe *30*

Abnehmen, Schnittmuster *32*
Abnehmen *32* · Zackenmuster *32* · Schnittmuster *32* · Duftiges Sommerkleid *34* · Zacken-Pullover *35* · Weste *36* · Wickelpulli im gleichen Stil *38* · Bikini mit Dreiecktuch *40*

Verkreuzte Maschen *42*
Verkreuzte Maschen *42* · Zopfmuster *42* · Zopfmusternadel *43* · Jacke im Aranmuster *43* · Patchwork-Pullover *45* · Zopfmuster-Pullover *46* · Schal mit Mütze *48* · Krikodol *49* · Tasche mit Rautenmuster *50* · Kugelfisch *51*

Stricken in Runden *53*
Nadelspiel *53* · Rundstricken *53* · Rundnadel *53* · Muster beim Rundstricken *53* · Strümpfe *53* · Handschuhe *55* · Fausthandschuhe *56* · Fingerhandschuhe *56* · Sportsocken *57* · Damen-Tennissocken *58* · Söckchen *59* · Ringelstutzen *60* · Zipfelmütze *60*

Mehrfarbige Muster *62*
Pünktchen *62* · Farbflächen *63* · Jacquardmuster *63* · Maschenstich *63* · Kettenstich *64* · Quadratische Topflappen *64* · Grillhandschuhe *65* · Blumige Topflappen *65* · Kuschelpullover mit Mütze *66* · Ärmellose Weste *68* · Norweger-Pullover *69* · Jacke mit Bild *71*

Borten, Blenden, Säume *73*
Borten und Blenden *73* · Säume *74* · Ärmellose Weste *74* · Outdoorjacke mit Stutzen *76* · Pulli mit Matrosenkragen und Mütze *78* · Gestrickte Bilder *80* · Clown *81*

Lochmuster *83*
Löcher im Gestrick *83* · Goldiger Lochmuster-Pullover *83* · Strandrock mit Bikini *85* · Sommerpulli mit Mütze *88* · Geräumige Badetasche *90* · Gestrickte Hängematte *90* · Pulli mit geometrischen Motiven *92*

Halsausschnitte, Kragen, Ärmel *94*
Halsausschnittformen *94* · Kragenformen *95* · Ärmel *95* · Schnittveränderung fertiger Strickteile *95* · Damenpullover mit V-Ausschnitt *95* · Kimono-Pullover *97* · Raglan-Blouson *98* · Lustiger Quasten-Pulli *99* ·

Knopflöcher, Knöpfe, Taschen *102*
Knopflöcher *102* · Knöpfe und Reißverschlüsse *103* · Taschen *103* · Schal mit aufgesetzten Taschen *104* · Pulli mit Silberstreifen *104* · Noppen-Pullover mit Superrollkragen *106* · Mantel mit seitlichem Verschluß *107* · Blouson mit aufgesetzten Taschen *109*

Fertigstellung von Modellen, Kunststricken *111*
Fertigstellung eines Strickmodells *111* · Kunststricken *112* · Lindgrüner Baumwollpulli *113* · Discopulli *114* · Strandkleid mit gestrickten Motiven *114* · Sonnentop *116* ·

Register *118*

Mitstricken und Selbermachen

Selbermachen bringt mehr Freude an schönen Dingen. Schon früh kann man mit dem Erlernen der Stricktechniken und Fertigkeiten beginnen. In diesem Fernsehbegleitbuch werden Macharten, Modelle und vieles andere »Zubehör« in einzelnen Schrittfolgen dargestellt und ausführlich beschrieben. Selbstverständlich gilt auch hier parallel zur gleichnamigen Fernsehserie der Grundsatz: Immer vom Leichteren zum Schwierigeren.

Mit Hilfe dieses Buches könnt ihr nun in Ruhe üben, die Arbeitsanleitungen und Schnittmusterskizzen eingehend studieren, nachstricken, ja sogar eure eigenen kreativen Modellideen verwirklichen.

Angelika, Claudia, Gabi, Hilde, die beiden Martinas, Mika, Natascha, die beiden Susannen, Thomas und Verena haben im Studio mitgewirkt. Am Stricken fanden alle schnell Begeisterung, natürlich brachte auch das Vorführen der Modelle viel Spaß. Und während der Dreharbeiten ging das Gerücht um, daß sogar der Kameramann vom Strickfieber ergriffen sei und heimlich stricken würde!

Wie dem auch sei; wir wünschen euch recht viel Freude an diesem schönen Hobby.

Kraus rechts, Quasten, Pompons

Anschlag

Der Anschlag ist der Anfang einer Strickarbeit; die dazu benötigten Maschen werden auf die Stricknadel gebracht.
Der einfachste Anschlag, der sich vor allem für Anfänger eignet, wird gehäkelt.
Dazu bildet ihr mit einer dicken Häkelnadel so viele Luftmaschen, wie ihr nachher Maschen auf der Stricknadel haben wollt.
Diese Luftmaschenkette wird nun in die linke Hand genommen, in die rechte Hand kommt statt der Häkelnadel eine Stricknadel. Und mit dieser Stricknadel holt ihr aus jeder Luftmasche der Kette eine Masche, die auf der Stricknadel liegen bleibt.

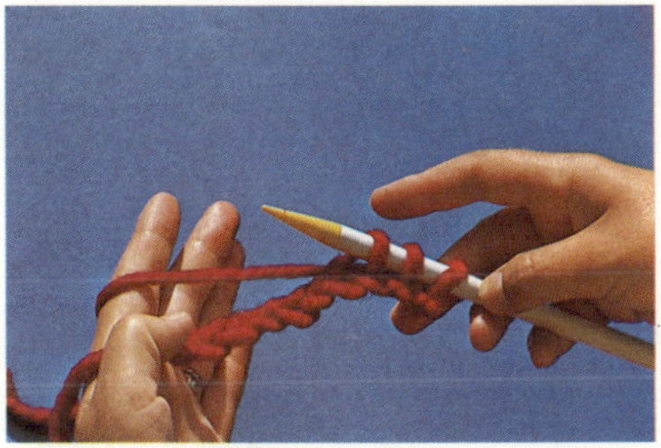

Gehäkelter Anschlag

Rechte Masche im Werdegang

Rechte Maschen

Wendet jetzt die Arbeit und nehmt die Nadel mit den Maschen in die linke Hand, führt den Arbeitsfaden über die Finger der linken Hand. Mit der Nadel in der rechten Hand wird in die erste Masche eingestochen, der Faden aufgenommen, durchgeholt, und auf der rechten Nadel bleibt die entstandene Schlinge nun als rechte Masche liegen. So, nun strickt ihr eine Masche nach der anderen wie oben beschrieben ab.

Wenn ein Gestrick nur aus rechten Maschen besteht, spricht man von »kraus rechts«. Alle im Anschluß an dieses Kapitel beschriebenen Modelle sind kraus rechts gestrickt.

Randmasche

Die Randmasche ist die erste sowie die letzte Masche einer Reihe, halt die Masche am Rand. Beide werden jedoch unterschiedlich gehandhabt. Vor der letzten Masche wird der Arbeitsfaden vor die Arbeit gelegt; die letzte Masche wird nicht gestrickt, sondern nur auf die rechte Nadel gehoben.
Jetzt kann die Arbeit gewendet werden, und die erste Masche, die eben noch die letzte war, wird wie alle anderen abgestrickt.

Abketten in Schrittfolge

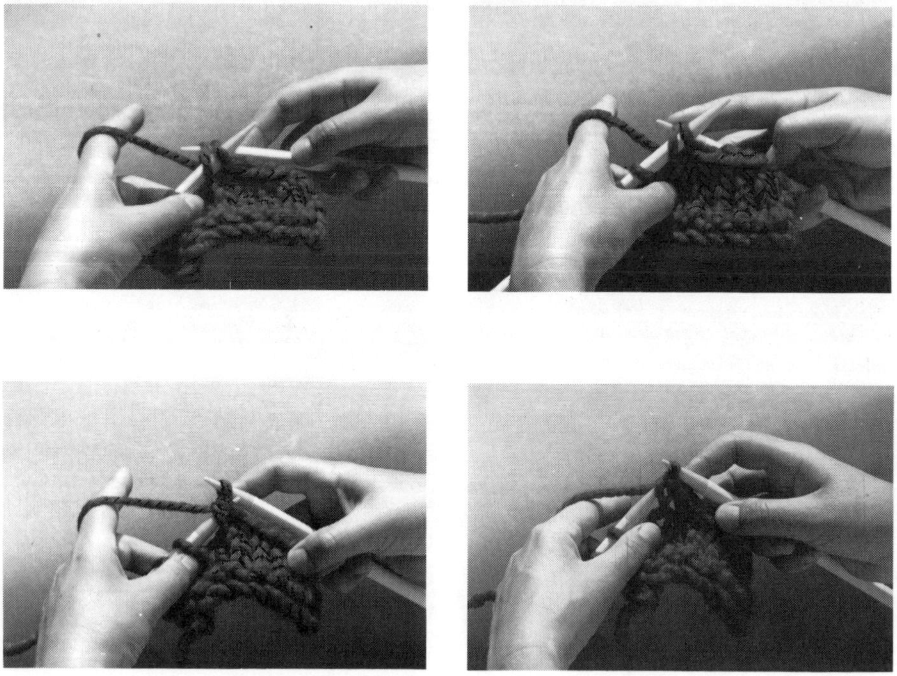

Abketten

Das Beenden einer Strickarbeit nennt man »abketten«. Gestricktes muß immer abgekettet werden, damit es sich nicht auflösen kann.
Gehäkelt abketten kann man ebenso wie gehäkelt anfangen. Dazu zieht man mit Hilfe einer Häkelnadel immer eine Masche durch die andere. Die letzte Masche wird vernäht.
Gestrickt abketten ist aber viel besser und elastischer. Dafür strickt ihr die erste Masche wie gewöhnlich ab, hebt die Schlinge auf die linke Nadel zurück und strickt nun die beiden ersten Maschen zusammen, das heißt, die Stricknadel wird durch die beiden Maschen gestochen und daraus eine Masche gestrickt. Diese Masche nun wieder zurück auf die linke Nadel geben und mit der nächsten Masche zusammenstricken. So macht man weiter, bis nur noch eine Masche auf der Nadel ist. Dann wird der Faden abgeschnitten und durch die letzte Masche gezogen. Jetzt kann die Arbeit sich nicht mehr auflösen.
Später, wenn ihr auch die »linken« Maschen stricken könnt, solltet ihr immer alle Maschen so abketten, wie sie auf der Nadel erscheinen: also rechte Maschen rechts und linke Maschen links gestrickt abketten.

Wenn in den Arbeitsanleitungen, die jetzt folgen, Begriffe und Techniken vorkommen, die ihr anfänglich noch nicht kennt, dann schlagt hinten im Register nach. Dort steht, auf welcher Seite die Arbeitsweise erklärt ist.
Und noch etwas: Alle Zahlenangaben in unseren Schnittmusterskizzen bedeuten Zentimeter.

Fransen

Am Ende eines Schals oder am Saum eines Ponchos sehen Fransen gut aus.
Schneidet euch Wollfäden zu, die doppelt so lang sein müssen, wie eure fertige Franse werden soll. Je nach Wunsch legt ihr nun einen oder mehrere Fäden auf die Hälfte zusammen, dann mit einer Häkelnadel von vorne durch den Rand der Strickar-

Fransen einknüpfen

beit einstechen, die Schlinge der halbierten Fäden durchholen und den frei hängenden Teil der Franse durch diese durchziehen.

Quasten

Quasten sind dicker als Fransen, sie werden einzeln gehandarbeitet und dann angenäht.
Auf ein Stück Karton wickelt ihr Wolle. An einer Kante werden die Fäden fest zusammengebunden. Jetzt wird das Wollbündel

Quasten binden

vom Karton gestreift und unterhalb der Bindestelle mehrmals mit Wolle umwickelt, damit das sogenannte Köpfchen entsteht. Die Enden des Wickelfadens unsichtbar vernähen oder verknoten. Jetzt kann die Quaste unten aufgeschnitten werden. Mit den Enden des Bindefadens am Köpfchen wird die Quaste an der gewünschten Stelle angenäht.

Pompons

Pompons sind kugelrunde Wollbällchen, die man auf Mützen nähen oder aus denen

Pompons wickeln

man auch lustige Sachen fertigen kann. Für einen Pompon zeichnet ihr euch auf Pappe zwei gleich große Kreise mit je einem Innenkreis von mindestens zwei Zentimetern Durchmesser auf. Der gesamte Durchmesser zeigt in etwa, wie groß der Pompon wird.
Die beiden Pappringe werden aufeinander gelegt und mit Wolle so lange umwickelt, bis der Innenkreis ausgefüllt ist. Jetzt wird die Wolle am Außenrand mit einer Schere oder ganz vorsichtig mit einer Rasierklinge aufgeschnitten. Dann schiebt ihr die Pappscheiben etwas auseinander, wickelt den inneren Wollstrang ganz fest ab und verknotet den Wickelfaden; die Enden bleiben zum Annähen. Nun können die einzelnen Pomponfäden sich nicht mehr herauslösen. Die Pappe wird entfernt und der Pompon gleichmäßig rund geschnitten.
Übrigens gibt es auch fertige Pompongeräte zu kaufen, mit denen die Arbeit natürlich viel schneller geht.

Ringelpulli

Größe 40

Material
Schoeller-Wolle »Strick-Spass«; für den Pulli je 250 g rot, grün und gelb sowie 200 g blau; Schnellstricknadeln Nr. 5.

Muster
Kraus rechts. Die Streifeneinteilung + je 4 Rippen blau, rot, gelb, grün +; von + bis + fortlaufend wiederholen.

Maschenprobe
16 Maschen x 18 Rippen = 10 cm².

Ausführung
Rücken- und Vorderteil: Jeweils 74 Maschen in Blau anschlagen, in der erlernten Technik und in der Streifeneinteilung 55 cm stricken, Maschen abketten.

Ärmel: Jeweils 64 Maschen in Blau anschlagen und genauso 45 cm stricken, Maschen dann abketten.

Fertigstellung
Schulternähte von den Außenkanten ca. 12 cm schließen, Ärmel einsetzen, Seiten- und Ärmelnähte schließen.

Poncho

für alle Größen

Material
Junghans Wolle »Natur«, 2000 g hellgrün, 200 g naturfarben, 200 g dunkelbraun, Stricknadeln Nr. 6–7.

Muster
Kraus rechts. Die geflochtenen Zöpfe werden zum Schluß aufgenäht.

Ausführung
Für Vorder- und Rückenteil je 60 Maschen anschlagen und 160 cm = 320 Reihen kraus rechts hoch stricken.

Fertigstellung
Beide Teile längs aneinanderlegen und miteinander verbinden, dabei in der Mitte der Naht für den Halsausschnitt 36–40 cm offen lassen. Dann das ganze Teil zur Hälfte zusammenlegen und vom unteren Rand aus die Seitennähte bis auf ca. 30 cm für die Armöffnung schließen.
Für die beiden Seitenränder und die mittlere Naht Zöpfe herstellen, dafür je 10 braune, grüne und naturfarbene ca. 260 cm lange Fäden abschneiden. Für den Halsausschnitt flechtet ihr mit 100 cm langen Fäden. Bindet die drei Fadenstränge an

Ringelpulli

einem Ende ab und befestigt dieses Bündel an einem Türgriff, so kann leicht geflochten werden. Der rechte Strang wird über den mittleren, dann der linke über den jetzt mittleren Strang gelegt. Abwechselnd verkreuzt ihr nun fortlaufend immer die jeweils außenliegenden Stränge über dem mittleren.

Der kurze Zopf wird am linken Halsrand entlang angenäht; anschließend den mittleren und die Seitenzöpfe vom vorderen unteren Rand bis zum rückwärtigen Ende annähen. Unten werden die Zöpfe zu 7 cm langen Quasten abgebunden.

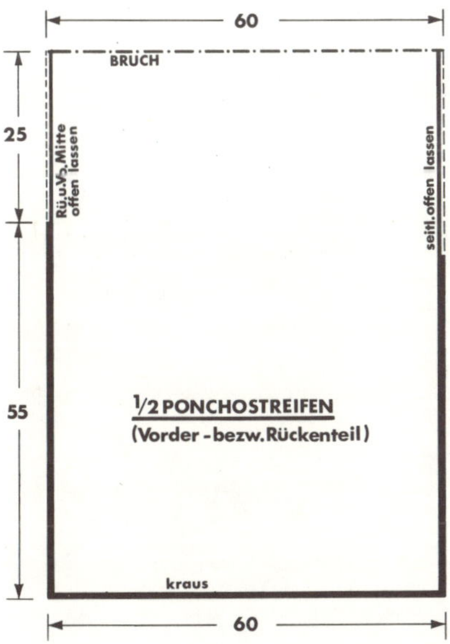

Poncho

Ärmellose Weste

Größe 38/40

Material
Berger-du-Nord-Wolle »Emilie«, 800 g beige; Schnellstricknadeln Nr. 12, Häkelnadel Nr. 12.

Muster
Kraus rechts.

Maschenprobe
8 Maschen = 16 cm breit, 8 Reihen = 12 cm hoch.

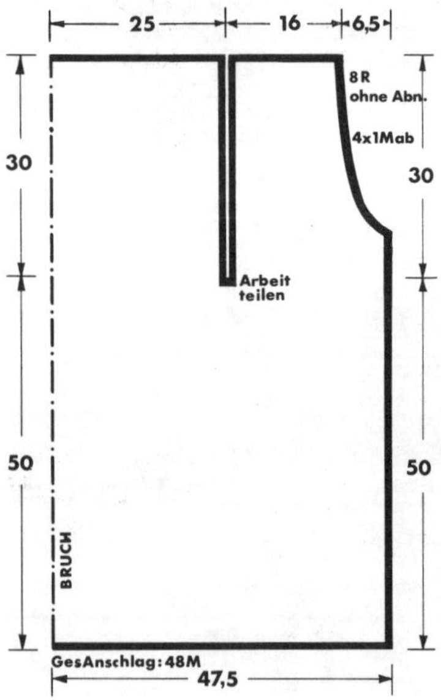

Ärmellose Weste

Ausführung
48 Maschen anschlagen und 50 cm kraus rechts hochstricken. Dann die Arbeit teilen und über 12 Maschen an der rechten Seite weiterarbeiten. Nach 4 Reihen an der Außenseite in jeder 2. Reihe 1 Masche abketten, insgesamt 4mal. Dann nach 8 Reihen ohne Abnahme und die restlichen Maschen abketten. Jetzt über den mittleren 24 Maschen 30 cm hochstricken und abketten. Die letzten 12 Maschen gegengleich hochstricken.

Fertigstellung
Die Schulternähte schließen, dann um die Armöffnungen je 2 Runden feste Maschen häkeln. Ebenso eine Hin- und Rückreihe feste Maschen an den vorderen Kanten und den Halsausschnitt häkeln. Die Fadenenden gut vernähen.

Pompontiere

Material
Verschiedene bunte Wollreste, Pompon-Set oder selbstgeschnittene runde Pappscheiben, Klebstoff, Bastelfilz, Pfeifenputzer, Glasaugen.

Muster
Die Pompons werden wie im Anfang dieses Kapitels hergestellt.

Teddy-Bärchen

Ausführung Teddy-Bärchen
ca. 15 cm groß
Für Kopf und Körper mit beigefarbener Wolle je 1 Pompon von 5,5 cm ∅ wickeln. Für Ohren, Arme und Füße 6 kleine Pompons von ca. 3 cm ∅ wickeln.

Fertigstellung
Kopf und Körper mit den Bindefäden fest aneinanderknoten. Die Bindefäden der kleinen Pompons auf eine lange Stopfnadel auffädeln und an den entsprechenden Stellen als Ohren, Arme und Beine aufnähen.
Augen aus weißem und schwarzem Filz ausschneiden und aufkleben; ebenso den kleinen, roten Filzmund. Ein dickes Wollband als Halsschleife umbinden.

Küken und Maus

Ausführung Küken
ca. 8 cm groß
Für den Kopf mit orangegelber Wolle einen 3 cm ∅ großen Pompon, für den Körper einen 5,5 cm ∅ großen Pompon wickeln. Den Pompon für den Körper so beschneiden, daß seitlich Flügelchen entstehen.

Fertigstellung
Kopf und Körper mit den Bindebändern zusammenbinden. Aus orangefarbenem Filz einen kleinen Schnabel zuschneiden und aufkleben, ebenso die Augen aus schwarzem und weißem Filz ausschneiden und aufkleben.

Ausführung Maus
ca. 5 cm groß
Mit grauer Wolle einen entsprechend großen Pompon wickeln und zu einer Seite hin spitz zuschneiden. Aus schwarzem Filz die Ohren, die Augen und den Schwanz ausschneiden; ebenso ein rotes Näschen aufkleben.

Ausführung Papagei
ca. 18 und 14 cm groß
Für den Kopf mit zwei oder drei farblich zusammenpassenden Wollgarnen 5,5 cm ∅ große Pompons wickeln. Bei größerem Papagei einzelne Schichten verschiedener Farbe abwechseln.
Für den Körper 9 cm ∅ große Pompons wickeln, dabei eine Farbe nach der anderen über die ganze Scheibe wickeln, bis von der vorhergehenden nichts mehr zu sehen ist. Beim Körper werden wie beim Kücken die Flügel aus dem Pompon geschnitten.

Papagei

Fertigstellung
Kopf und Rumpf mit den Bindebändern fest aneinanderknoten. Glasaugen aufkleben oder annähen. Filzschnabel und Kamm zuschneiden und einkleben; ebenso den Schwanz. Aus Pfeifenputzern Füßchen biegen und ankleben.

Ausführung Fisch
ca. 10 cm groß
Pompon von 10 cm ∅ wickeln, dabei die beiden Farben, beispielsweise Oker und Grün, in Lagen abwechseln, an einer Seite der Scheibe nur eine Farbe verwenden, so entsteht das Gesicht.

Fisch

Fertigstellung
Pompon in eine ovale Form schneiden. Rücken-, Bauch- und Schwanzflossen ausschneiden und ebenso wie einen roten Mund und die Augen einkleben.

Schlaf-Schaf

Material
Schoeller-Wolle »Persiana«, 100 g weiß, Stricknadeln Nr. 7, blaues und rosafarbenes Wollstickgarn, bunte Borte, Acrylwatte zum Ausstopfen.

Muster
Kraus rechts.

Ausführung
40 Maschen anschlagen und 12 Reihen kraus rechts stricken. Jetzt rechts und links je 10 Maschen abketten und über den mittleren Maschen 10 Reihen stricken. Dann wieder rechts und links je 10 Maschen anschlagen und über 40 Maschen 10 Reihen stricken. Danach an beiden Seiten je 10 Maschen abketten und über den mittleren Maschen 20 Reihen stricken, dann abketten.

Fertigstellung
Am Kopf die Punkte B und C im Schnittmuster aufeinanderlegen und die Naht schließen. Dann A und B aufeinanderlegen und die Naht schließen, ebenso Punkte C und D. Jetzt für die Ohren die eingezeichnete Linie absteppen. Den Kopf mit Watte füllen. Für die Vorderbeine E auf F legen und die Naht schließen, das gleiche gilt für G und H. Nun für die Hinterbeine den gleichen Vorgang wiederholen: I auf K und L auf M legen und die jeweiligen Nähte schließen. Für das Hinterteil N auf O legen und die Naht senkrecht bis zum Beginn der Beine schließen. Beine mit Watte weich füllen, dann den Rumpf ausstopfen und die mittlere Naht schließen.
Augen in Blau aussticken, Nasenspitze in Rosa; gehäkeltes Band oder Borte um den Hals binden, eventuell ein kleines Glöckchen einknoten.

Schlaf-Schaf

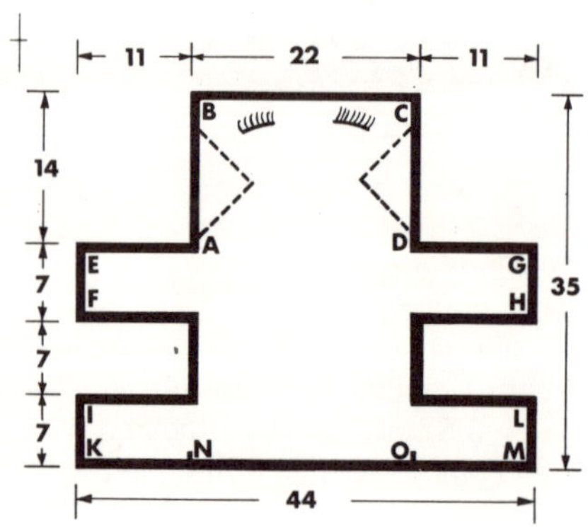

Kreuzanschlag und linke Maschen

Kreuzanschlag

Der Kreuzanschlag hat seinen Namen wohl von dem Fadenkreuz, das man bildet, um daraus Maschen für die erste Reihe zu entwickeln. Dieser Anschlag ist sehr elastisch; ihr solltet mit ihm möglichst immer beginnen.

Damit die Maschen der ersten Reihe noch elastischer werden, nehmt ihr für den Anschlag entweder beide Stricknadeln oder eine sehr dicke Nadel, die eigentlich für diese Wolle zu stark ist. Später strickt ihr dann mit den Nadeln weiter, die zur Wolle passen.

Und so wird's gemacht: Meßt ein Fadenende ab, das mindestens dreimal so lang ist wie der gewünschte Maschenanschlag. Legt nun den Faden, der vom Knäuel kommt, über den linken kleinen Finger, unter Ring- und Mittelfinger durch und über den Zeigefinger. Führt den Faden nun so um den Daumen herum, daß ein Kreuz entsteht, und spannt ihn leicht nachgebend zwischen Ring- und kleinem Finger.

Jetzt die beiden Stricknadeln in die rechte Hand nehmen. Von unten nach oben in die

Kreuzanschlag in Phasen

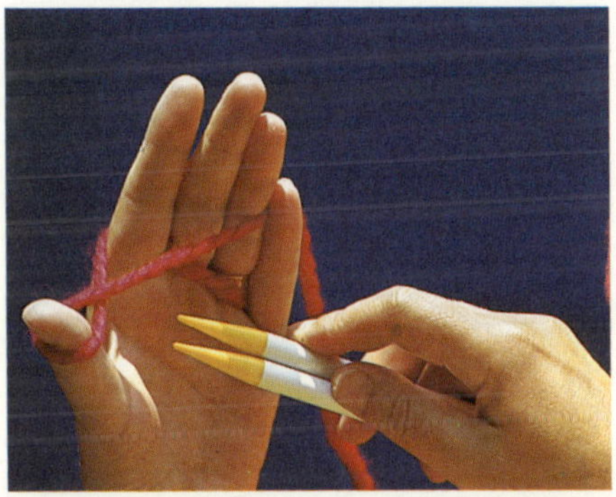

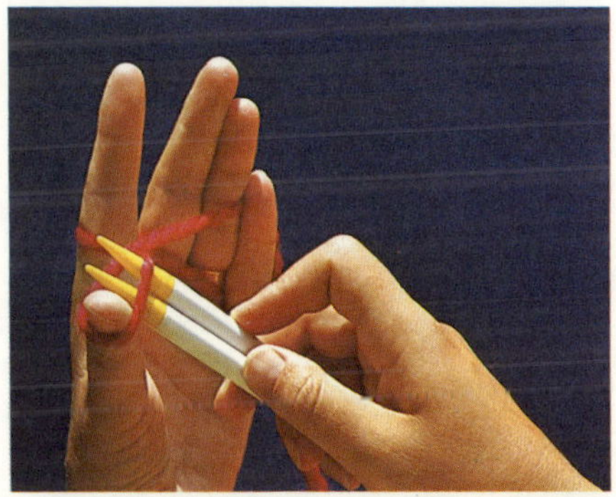

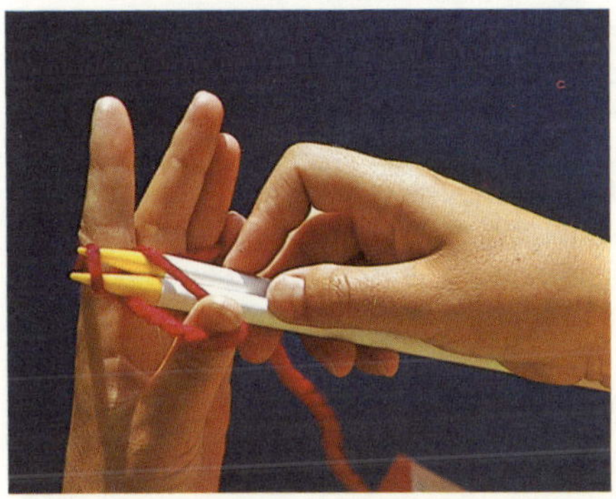

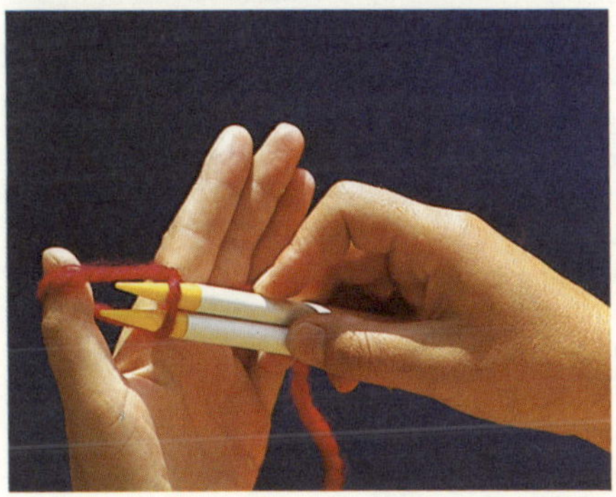

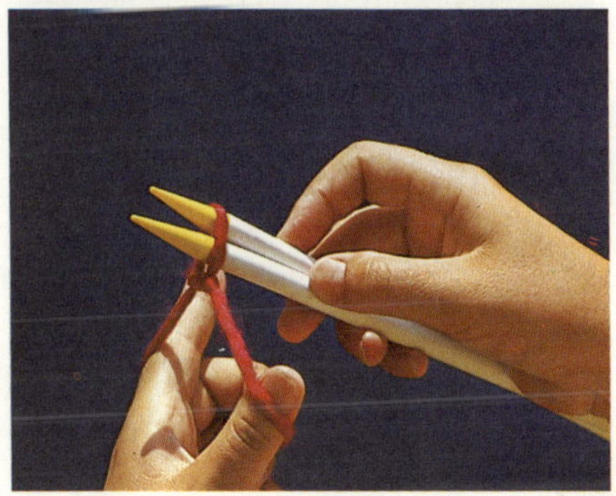

Schlinge neben den Daumen einstechen; über dem Kreuz den Faden, der beim Zeigefinger ist, aufnehmen und durch die Daumenschlinge ziehen. Dabei die Schlinge vom Daumen gleiten lassen. Jetzt mit dem Faden, der von der ersten Masche kommt, das Fadenkreuz neben dem Daumen bilden und die nächste Masche genau wie die erste bilden. Auf die gleiche Weise die gewünschte Maschenzahl herstellen.
Für die erste Reihe nun eine der beiden Nadeln aus dem Anschlag ziehen oder die erste Reihe – wenn eine dickere Nadel für den Anschlag benutzt wurde – mit einer der richtigen Nadeln beginnen.

Nadeln und Garn

Wenn Wolle und Stricknadeln nicht zusammenpassen, dann wird die Arbeit nicht so, wie ihr sie euch vorgestellt habt. Deshalb solltet ihr von Beginn der Arbeit darauf achten, daß ihr auch die richtigen Nadeln gewählt habt.
Jede Nadel trägt auf oder unterhalb des Köpfchens eine Nummer, die die Nadelstärke bezeichnet. Auf jeder Banderole eines Wollknäuels findet ihr einen Hinweis auf die Nadelstärke, mit der dieses Garn am besten zu verarbeiten ist.
Tip: Ausnahmen gibt es, wenn ihr sehr fest strickt; dann kann ruhig eine Nadel genommen werden, die eine Nummer stärker ist, sonst wird das Gestrick hart wie ein Brett. Umgekehrt gilt das gleiche: sehr lockere Strickweise – kleinere Nadelnummer.

Linke Masche im Werdegang

Linke Masche

Die linke Masche ist etwas schwieriger als die rechte Masche zu stricken. Aber mit ein bißchen Übung wird's schon gehen.
Zunächst wird die Randmasche rechts gestrickt. Jetzt den Arbeitsfaden vor die Arbeit legen und mit der rechten Nadel von hinten in die Masche einstechen. Den Arbeitsfaden vorne um die Nadel schlingen und nun durch die Masche ziehen.
Der Arbeitsfaden bleibt bei linken Maschen immer vor der Arbeit liegen.
Tip: Übt die linke Masche so lange, bis ihr sie ohne Überlegung stricken könnt.

Glatt rechts stricken

Dies ist eigentlich ein ganz falscher Ausdruck. Denn um ein »glatt rechtes« Maschenbild zu stricken, muß man immer eine Reihe rechter Maschen mit einer Reihe linker Maschen abwechseln.
Ausgleichende Gerechtigkeit ist dann vielleicht: Bei glatt links Gestrickten wird ebenfalls eine Reihe rechts und eine Reihe links gestrickt.

Glatt rechts und glatt links stricken

Muster

Aus diesen beiden Maschen kann man nun in den verschiedensten Kombinationen die tollsten Muster herstellen. Rippenmuster entstehen, wenn ihr eine oder zwei rechte Maschen mit einer oder zwei linken Maschen im Wechsel strickt. In der Rückreihe werden alle Maschen so gestrickt, wie sie erscheinen.

Ein Schachbrettmuster entsteht, wenn ihr zunächst einige Reihen Rippenmuster strickt und dann »versetzt« weiterarbeitet. Das heißt: Zunächst strickt ihr beispielsweise über drei Reihen drei Maschen rechts und drei Maschen links. Dann strickt ihr über den drei rechten Maschen drei linke, und über den linken Maschen drei rechte. Jetzt wieder drei Reihen die Maschen so stricken, wie sie erscheinen, und dann die Maschen wieder versetzen.

Beim Perlmuster wird zunächst eine Reihe eine Masche rechts und eine Masche links gestrickt. In der folgenden und allen anderen Reihen wird immer über der rechten Masche der Vorreihe eine linke Masche und über der linken Masche der Vorreihe eine rechte Masche gestrickt. Das Muster wird also ebenfalls »versetzt«.

Rippen- und Bündchenmuster

Perlmuster

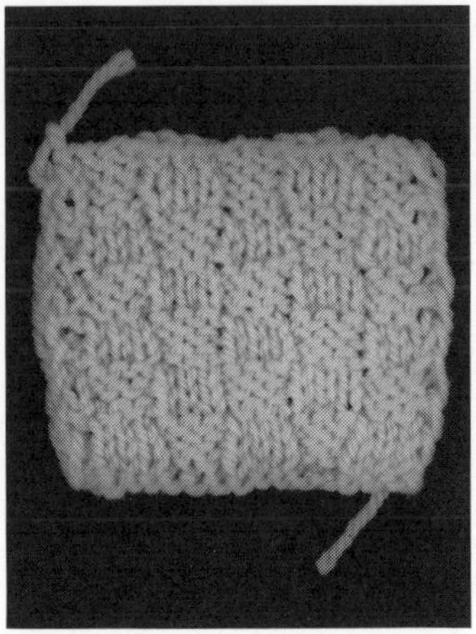

Schachbrettmuster

Strickschrift

An einer Strickschrift kann man ablesen, wann eine rechte Masche oder wann eine linke zu stricken ist. Die Strickschrift zeigt aber immer nur die Vorderseite; in der Rückreihe muß man stets umdenken.

Strickschrift

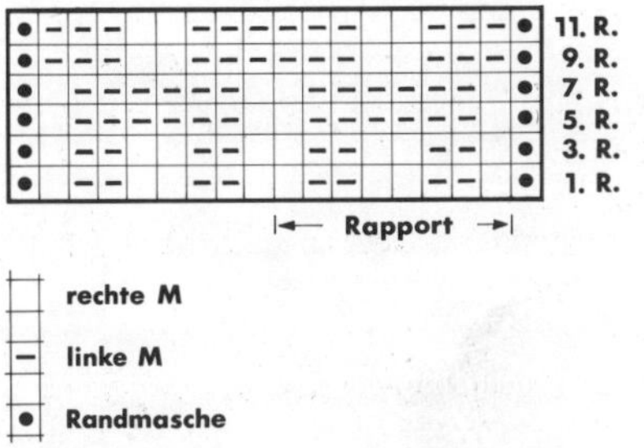

Rückreihen stricken, wie die Maschen erscheinen.

Maschenprobe

Bevor man anfängt, einen Pullover zu stricken, muß man eine Maschenprobe vornehmen. Dazu strickt man ein Quadrat, das mindestens 10 x 10 cm groß ist. In den Arbeitsanleitungen wird immer angegeben, wie viele Maschen in der Breite und in der Höhe für das Modell gebraucht werden. Ihr müßt nun eure Maschenprobe mit den Angaben in der Anleitung vergleichen. Wenn eure Zahlen gleich sind, könnt ihr sofort mit dem Stricken beginnen. Euer Modell müßte dann genau richtig werden.
Ist eure Maschenprobe zu klein ausgefallen, dann strickt ihr mit dickeren Nadeln. – Ist die Maschenprobe zu groß ausgefallen, dann solltet ihr dünnere Nadeln verwenden. Aber vorher nochmal eine Maschenprobe machen.
Übrigens müßt ihr eine Maschenprobe immer dann auch ganz genau vorwegstricken, wenn ihr ein Modell nach eigenen Vorstellungen oder mit anderem als dem angegebenen Material handarbeiten wollt. Man stellt sich dann ein genaues Schnittmuster her, anschließend wird ausgezählt, wie viele Maschen für 10 cm Breite benötigt werden. Und dann ist es keine höhere Mathematik mehr, auszurechnen, wie viele Maschen man für die gesamte Breite eines Pulloverrückenteils anschlagen muß.
Tip: In manchen Arbeitsanleitungen kommt das Wort »abheben« vor. Es bedeutet, daß man eine Masche, ohne sie zu stricken, von einer Nadel auf die andere hinüberhebt.

Maschenprobe

Mollige Winterjacke

Größe 38

Material
Esslinger-Wolle »Turku«, 1200 g stahlblau; Schnellstricknadeln Nr. 7.

Muster
Bei dieser Jacke werden verschiedene Mustertechniken kombiniert.

Technik I (Rippen): Die Hin- und Rückreihen stets rechts stricken.

Technik II: In der 1. Reihe + 4 Maschen rechts, 4 Maschen links +; von + bis + wiederholen.
In der 2. Reihe die Maschen stricken, wie sie erscheinen.
Die 3. und 4. Reihe wie die 1. und 2. Reihe arbeiten.
In der 5. Reihe + 4 Maschen links, 4 Maschen rechts +; von + bis + wiederholen.
In der 6. Reihe die Maschen stricken, wie sie erscheinen.
Die 7. und 8. Reihe wie die 5. und 6. Reihe arbeiten.
Dann die Reihen 1 bis 8 fortlaufend wiederholen.

Technik III (großes Perlmuster): Abwechselnd 2 Maschen rechts und 2 Maschen links, nach zwei Reihen wird versetzt gestrickt.

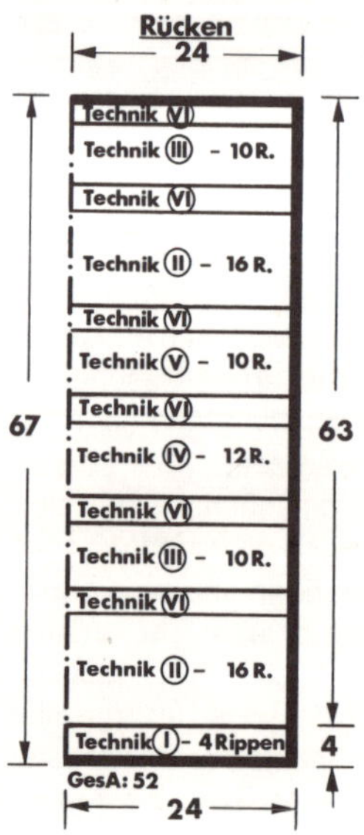

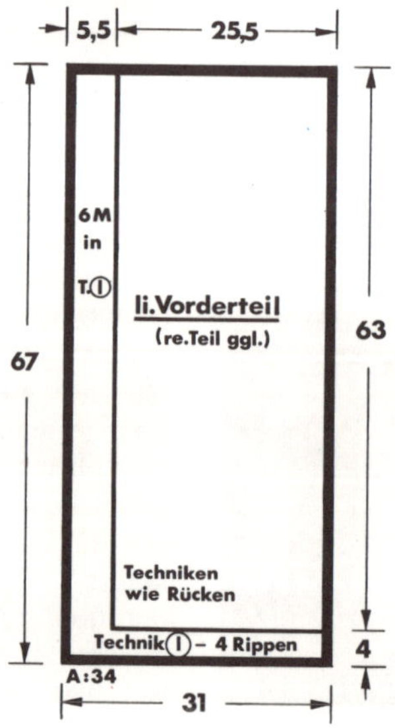

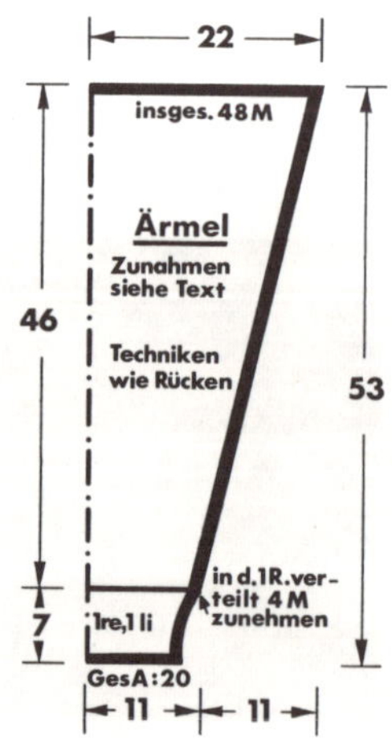

Technik IV (Reiskornmuster): Abwechselnd 1 Masche rechts und 1 Masche links, nach 2 Reihen wird versetzt gestrickt.

Technik V (Perlmuster): Abwechselnd 1 Masche rechts und 1 Masche links, in jeder Reihe wird versetzt gestrickt.

Technik VI: Die 1. und 2. Reihe rechts stricken, die 3. und 4. Reihe jeweils links.

Maschenprobe
Die Maschenprobe macht ihr in der Technik II; 12 Maschen x 17 Reihen = 10 cm².

Ausführung
Die Maschenanschläge für die einzelnen Strickteile und die Reihenfolge der Techniken erseht ihr aus der Schnittmusterzeichnung. Beim Ärmel werden jeweils in der 1. Reihe der Technik VI verteilt 6 Maschen zugenommen (= 4 Zunahmen).

Fertigstellung
Schulternähte schließen (ca. 17 cm), dabei an beiden Seiten die äußeren 6 cm von rechts zusammennähen. Diese 6 cm nach außen umschlagen und an den Rücken und das Vorderteil nach ca. 22 cm – von der Schulter aus gemessen (Ärmelbreite) – zur Seitennaht spitz auslaufend anheften. Ärmel blind unter dem Aufschlag anheften. Ärmel- und Seitennähte schließen. Aus dem Halsausschnitt 52 Maschen für das Halsbündchen aufnehmen und in der Technik I 5 Rippen stricken, Maschen abketten. Für den Bindegürtel 8 Maschen anschlagen und in der Technik I ca. 150 cm stricken, Maschen abketten.

Mollige Winterjacke

Sonnentop

Größe 36

Material
MEZ-Garn »Sonja«, 250 g rot; 1 Paar Stricknadeln Nr. 2.

Maschenprobe
36 Maschen x 54 Reihen = 10 cm^2.

Muster
Abwechselnd 1 Masche rechts und 1 Masche links; die Maschen dann in jeder Rückreihe so stricken, wie sie erscheinen.

Ausführung
Man beginnt am unteren Rand mit 280 Maschen und arbeitet 54 cm im Grundmuster hoch. Maschen abketten.

Fertigstellung
Dann schließt man die Seitennaht und legt den oberen Rand etwa 8 cm breit um. Für die Taille dreht man eine 16fache 2 m lange Kordel, die Garnenden werden zur Quaste abgeknotet.

Sonnentop

Flottes Sommerjäckchen

Größe 38

Material
Junghans-Wolle »Roxy«, 350 g rosa und 150 g violett; Strick- und Häkelnadel Nr. 3½ und 6 Knöpfe.

Muster
Glatt rechts; die Blattmotive nach Häkelschrift arbeiten.

Maschenprobe
22 Maschen x 28 Reihen = 10 cm²; 1 Blattmotiv gehäkelt = 11 cm lang.

Ausführung
Rückenteil: 102 Maschen in Rosa anschlagen und 45 cm = 126 Reihen im Grundmuster gerade hocharbeiten, dann alle Maschen abketten.
Vorderteil: 51 Maschen in Rosa anschlagen und 45 cm = 126 Reihen im Grundmuster gerade hocharbeiten, dann alle Maschen abketten.
Ärmel: 80 Maschen in Rosa anschlagen und 45 cm = 126 Reihen im Grundmuster gerade hocharbeiten, dann alle Maschen abketten.
Volant: 61 einzelne Blattmotive in Violett arbeiten. Für den unteren Rand 30 Motive, für jeden Ärmel 10 Motive und für den Hals 11 Motive jeweils ca. 2 cm zusammennähen. Dann an den glatten Rand 1 Reihe feste Maschen und 1 Reihe Stäbchen und 1 Luftmasche im Wechsel arbeiten, dabei den Volant leicht einhalten.

Flottes Sommerjäckchen

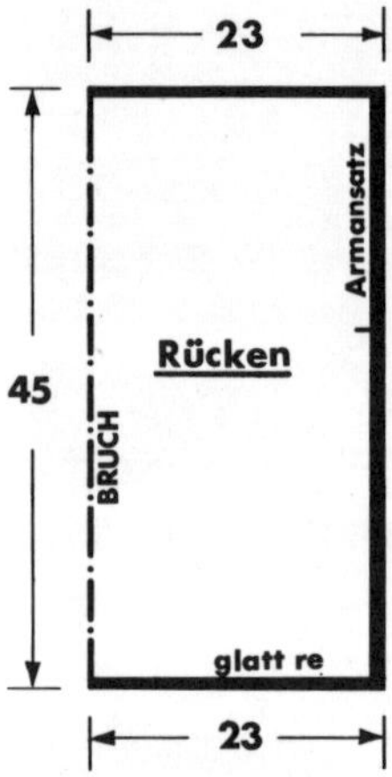

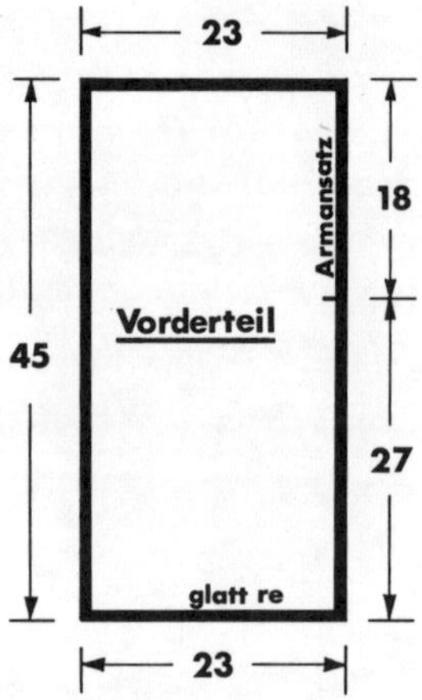

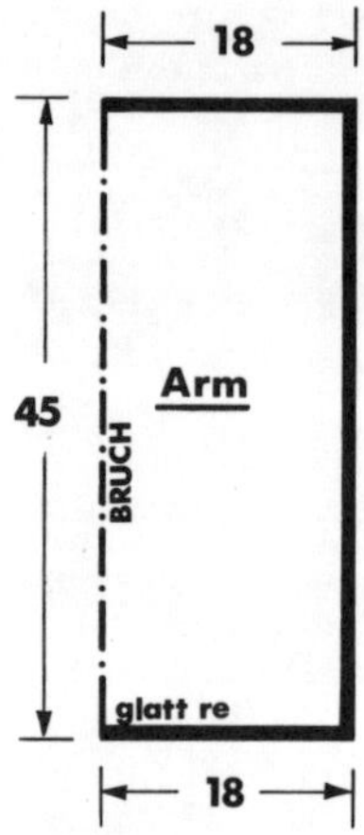

Häkelschrift

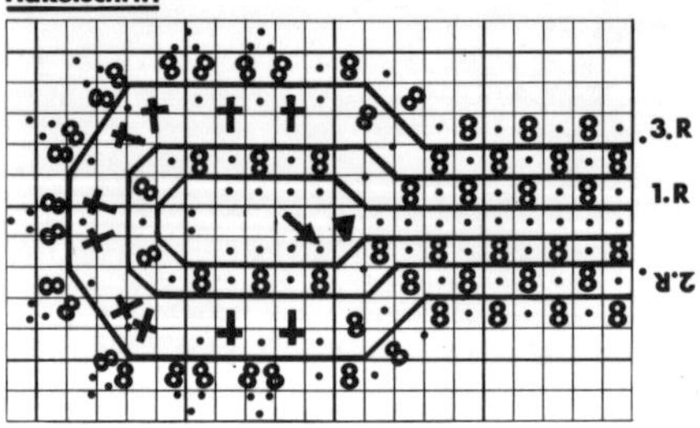

• = Lftm, 8 = fM, † = Stb, ▼ = Kett-M
Anfang bei ↘: 10 Lftm mit einer Kett-M zum Ring schließen. Dann noch 9 weitere Lftm anschlagen u. 3 R. nach Häkelschrift arbeiten.

Fertigstellung

Die Schulternähte ca. 16 cm schließen, dann die Seitennähte bis auf die oberen 18 cm und die Ärmelnähte zusammennähen. Ärmel einsetzen. Für den vorderen Halsausschnitt die oberen 5 cm nach innen schlagen und leicht anheften.

An die Ränder der Vorderteile je 2 Reihen feste Maschen häkeln, dabei am rechten Rand in der ersten Reihe gleichmäßig verteilt 6 Knopflöcher einarbeiten, indem man je nach Knopfgröße über zwei oder drei Maschen des Gestricks Luftmaschen statt fester Maschen häkelt. Die Volants aufnähen. Kordeln drehen und durch die Stäbchen-Luftmaschen-Reihe ziehen.

Patente Ski-Mütze

Material

200 g bunte, gleichstarke Wollreste; Stricknadeln in passender Stärke.

Muster

Rippenmuster 2 Maschen rechts und 2 Maschen links im Wechsel.

Maschenprobe

Eine Maschenprobe im Grundmuster anfertigen. Anhand der nicht gedehnten Probe ausrechnen, wie viele Maschen für ca. 58 cm Kopfumfang benötigt werden.

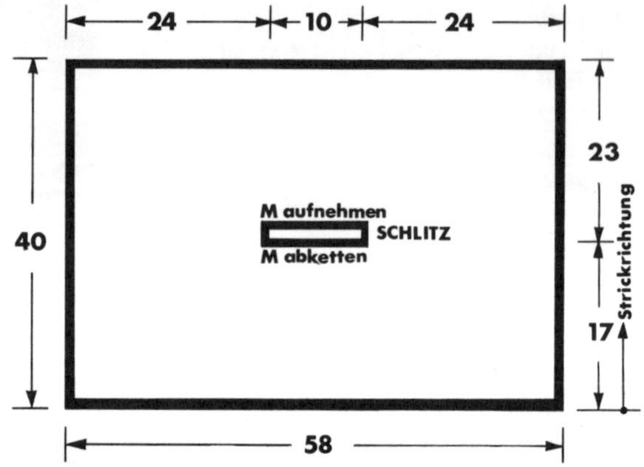

Ausführung
Maschen entsprechend der Maschenprobe anschlagen, im Rippenmuster und in beliebiger Streifenfarbfolge etwa 17 bis 20 cm hochstricken. Jetzt über den mittleren 10 cm alle Maschen abketten und die gleiche Maschenzahl in der folgenden Reihe wieder neu anschlagen. Weiter 20 bis 23 cm im Rippenmuster stricken. Alle Maschen abketten.

Fertigstellung
Die rückwärtige Naht schließen. Die abgeketteten Maschen mit einem Faden einreihen und das entstehende Loch an der Mützenspitze fest zunähen.
Wer Lust hat, kann einen Pompon aufnähen.

Patente Ski-Mütze

Zunahme und Umschlag

Zunehmen

Maschen zunehmen – als auch abnehmen – muß man sehr oft, um die richtige Form ins Strickstück zu bekommen. Ihr wißt ja, beim Stricken wird eine Paßform nicht zugeschnitten, sondern gleich von Anfang an möglichst modell- und größengemäß gearbeitet.
Zunehmen kann man auf verschiedene Weisen. Wenn irgendwo in der Mitte eures Gestricks Maschen hinzukommen sollen, dann könnt ihr wie folgt verfahren: Ihr hebt den zwischen zwei Maschen liegenden waagerechten Querfaden von hinten auf die linke Nadel und strickt ihn verdreht ab. Verdreht abstricken heißt, die Nadel der rechten Hand derart einzustechen, daß der aufgehobene Faden eine Schlinge in der Form einer »8« bildet, sich also verdreht. Dann wird der Arbeitsfaden aufgenommen und nach vorne durchgezogen.

Umschlag

Die zweite Möglichkeit ist mittels eines Umschlags. An der Stelle, an der ihr eine Masche mehr haben wollt, strickt ihr die vorhergehende Masche normal ab, legt dann den Arbeitsfaden von vorne nach hinten über die rechte Nadel und strickt wie üblich weiter. In der nächsten Reihe wird dieser Über- bzw. Umschlag verdreht abgestrickt, damit kein Loch entsteht.

Zunehmen

Perlzunahme

Es gibt aber noch eine dritte Art: die sogenannte Perlzunahme. Hierbei wird in die Masche rechts eingestochen, eine neue Masche herausgeholt und dann läßt man aber die Masche nicht von der Nadel gleiten, sondern sticht noch einmal von hinten nach vorne ein und holt eine zweite Masche heraus.
Soll am Rande einer Strickarbeit zugenommen werden, wird der Querfaden, der gleich neben der Randmasche liegt, auf die linke Nadel gehoben und verdreht abgestrickt. Werden am Rand eines Strickstücks mehrere zusätzliche Maschen gewünscht,

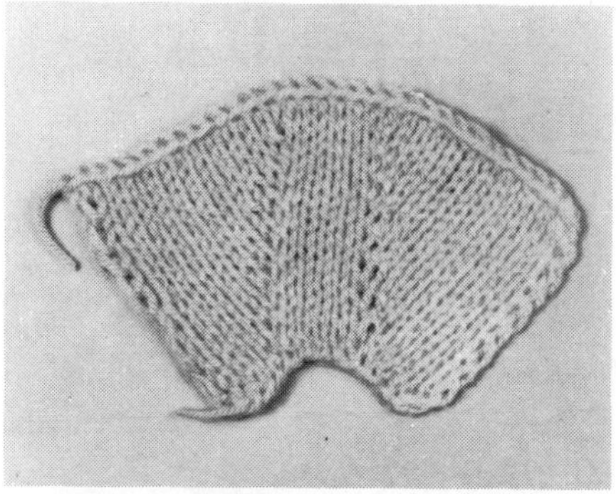

Doppelte Zunahme

dann schlagt ihr diese am besten neu an und gebt sie auf die Stricknadel.

Von doppelter Zunahme spricht man, wenn vor und nach oder rechts und links einer Masche zugenommen wird. Es können selbstverständlich auch mehrere sogenannte Zentralmaschen zwischen den Zunahmen liegen.
Wenn ihr den Umschlag nicht verdreht, sondern offen abstrickt, dann entsteht neben den Zentralmaschen ein hübsches Lochmuster.

Doppelte Zunahme mit Lochmuster

Laufmaschenmuster

Wenn Laufmaschen in Strümpfen auftreten, freut sich niemand. Beim Stricken kann es beabsichtigt sein. Wenn ihr ein Laufmaschenmuster arbeiten wollt, dann macht ihr an der gewünschten Stelle einen Umschlag, strickt einige Reihen hoch und laßt die Masche über dem Umschlag herunterlaufen.
Tip: Manchmal schleichen sich auch unerwünschte Laufmaschen ein. Ihr könnt sie ganz leicht wieder beseitigen. Nehmt dazu eine Häkelnadel in passender Stärke, stecht in die gefallene Masche ein und häkelt über die Querfäden hoch bis zur Stricknadel, dann gebt ihr die Masche wieder auf die Nadel, und es kann weiter gehen.

Laufmaschenmuster

Laufmaschenmuster zwischen den Maschenkreuzen

Laufmaschen aufhäkeln

Patentmuster

Dieses Muster wird eigentlich nur aus rechten Maschen gestrickt. Wer also noch Schwierigkeiten mit linken Maschen hat, wird an dieser Strickart Freude finden.
Strickt zunächst ein Bündchen aus einer Masche rechts und einer Masche links im Wechsel. Zu Beginn des Patentmusters wird dann in der ersten Reihe jede rechte Masche rechts gestrickt und vor jeder linken Masche ein Umschlag über die Nadel gelegt; nun die linke Masche nur abheben.
In der nächsten und allen weiteren Reihen strickt ihr dann immer den Umschlag und die rechte Masche zusammen, darauf folgt

ein Umschlag und das Abheben der linken Masche. Dieser Vorgang wiederholt sich ständig.

Patentmuster

Tip: Wenn ihr nach einer Arbeitsanleitung strickt, bei der ihr die Reihen zählen müßt, dann markiert euch doch alle 10 oder 20 Reihen die Randmaschen mit einem bunten Faden oder einer Sicherheitsnadel. So braucht ihr jedesmal nur von der letzten Markierung aus abzuzählen.

Randmarkierungen

Poncho

Material

Wollservice »Turnier 8-fach«, 750 g natur, 100 g hellbraun, 100 g dunkelbraun; Nadelspiel, Schnellstricknadeln und Rundstricknadel je Nr. 5.

Muster

Glatt rechts, den Kragen im Bündchenmuster 2 Maschen rechts und 2 Maschen links im Wechsel.

Ausführung

Rücken und Vorderteil: Beide Teile werden gleich gearbeitet. 35 Maschen anschlagen, an beiden Seiten 3mal in jeder 4. Reihe 1 Masche zunehmen. Zugleich in jeder 2. Reihe rechts und links der 4 Zentralmaschen je 1 Masche zunehmen (so entsteht das Band in der Mitte). Nach 70 cm Seitenlänge mit den Farbstreifen beginnen; 5 cm in Hellbraun und 5 cm in Dunkelbraun kraus rechts stricken. Dann alle Maschen abketten. Nun die andere Hälfte des Ponchos stricken.

Rollkragen: Nach dem Zusammennähen der Seitennähte aus der Halsöffnung ca. 70 Maschen auf das Nadelspiel geben und in Runden 25 cm das Bündchenmuster stricken. Dann alle Maschen sehr locker abketten. Zwei Runden feste Maschen in Braun um den Rand häkeln.

Quasten: Wolle auf eine ca. 12 cm breite Pappscheibe wickeln. Wenn das Bündel dick genug ist, oben abbinden, von der Pappscheibe streifen und ca. 2,5 cm unterhalb der Bindestelle mit Wolle das »Köpfchen« wickeln. Fäden vernähen. Quaste unten aufschneiden und die Fäden auf gleichmäßige Länge bringen. Quaste an der Spitze des Ponchos annähen. Eine zweite Quaste ebenso arbeiten.

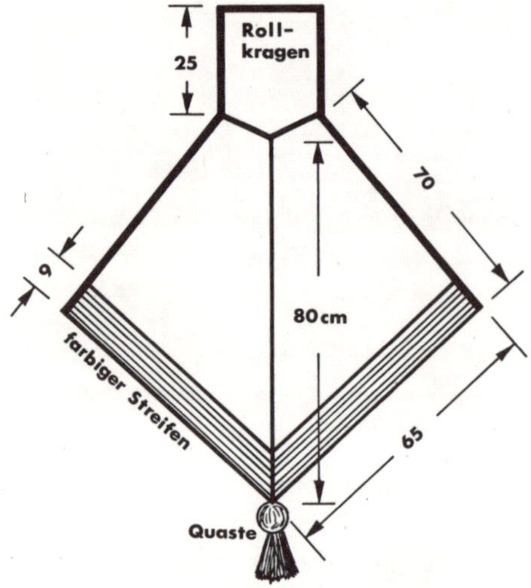

Vorder- und Rückenteil gleich. Kragen aus Randmaschen auffassen.

Poncho

Superpullover

Größe 38–42

Material
Gebrasa-Wolle »Residenz«, 300 g rosa, 100 g blau; Schnellstricknadeln für Bündchen und Kragen Nr. 2½, 2 Rundstricknadeln Nr. 5 und Nr. 2½.

Muster
Glatt links; Bündchen und Kragen 1 Masche rechts und 1 Masche links im Wechsel.

Maschenprobe
Im Grundmuster 20 Maschen x 25 Reihen = 10 cm².

Ausführung
Mit der Nadelstärke Nr. 2½ in Blau 72 Maschen anschlagen. Das Bündchen 13 cm hochstricken. Jetzt in Rosa und mit der Rundstricknadel Nr. 5 weiter. In jeder 4. Reihe an beiden Seiten je 1 Masche zunehmen, insgesamt 20mal; danach in jeder 2. Reihe je 1 Masche, insgesamt 10mal; schließlich 3mal je 2 Maschen und 1mal je 3 Maschen. Wenn ihr 77 cm Gesamthöhe erreicht habt, teilt ihr die Arbeit in der Mitte, Vorder- und Rückenteil werden getrennt weitergearbeitet. Während der Rücken an dieser Stelle gerade hoch gestrickt wird, muß nach vorne ein Ausschnitt eingebracht werden: In jeder 2. Reihe am Rand je 2 Maschen abnehmen, insgesamt 3mal, dann 8mal je 1 Masche. Nun wird im gleichen Rhythmus wieder zugenommen, so daß die Halbrundung entsteht.
Danach wieder alle Maschen vom Vorder- und Rückenteil auf eine Nadel nehmen und die zweite Hälfte des Pullovers gegengleich arbeiten.

Fertigstellung
Seitennähte schließen. Für den Bund am unteren Rand in Blau aus jeder Reihe 1 Masche auffassen und 13 cm 1 Masche rechts, 1 Masche links stricken, Maschen abketten, wie sie erscheinen. Für den Kragen am Halsausschnitt in Rosa aus jeder Reihe 1 Masche auffassen und 16 cm im Bündchenmuster stricken, Maschen abketten, wie sie erscheinen.

Superpullover

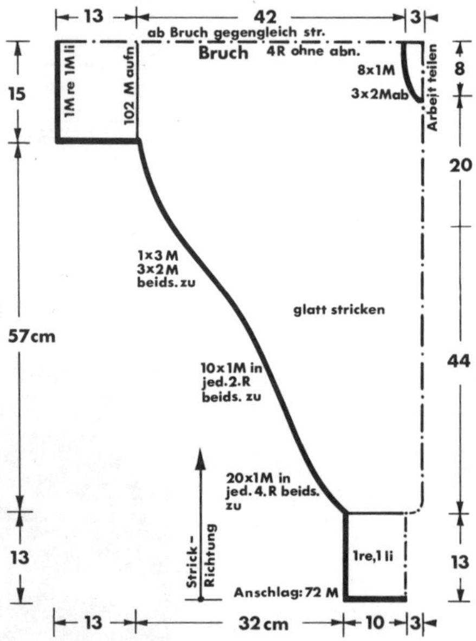

Patent-Pullover

Größe 44

Material
Schoeller-Wolle »Jubilate«, 600 g blau, Schnellstricknadeln Nr. 4 1/2.

Muster
Patentmuster, das Bündchen 2 Maschen rechts und 2 Maschen links im Wechsel.

Maschenprobe
18 Maschen x 44 Reihen = 10 cm² (ungedehnt).

Ausführung
Rückenteil: 80 Maschen anschlagen, 9 cm im Bündchenmuster stricken. Dann 51 cm im Patentmuster gerade hochstricken. Maschen abketten.

Patent-Pullover

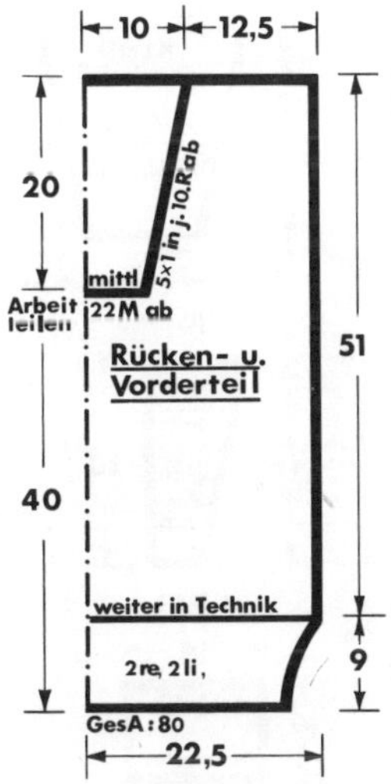

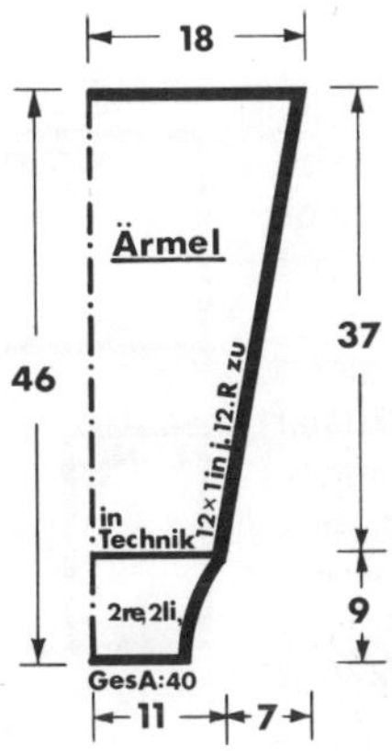

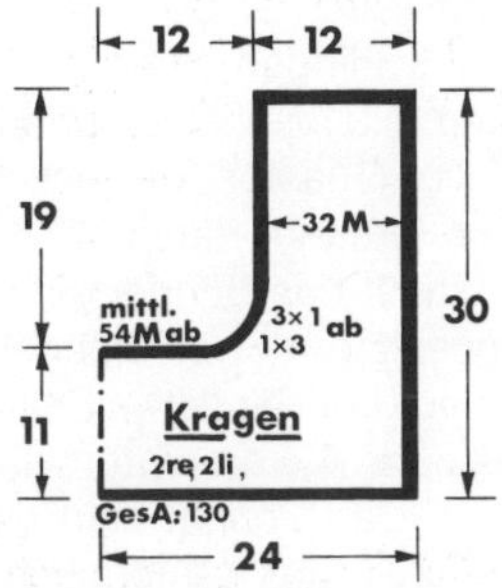

Vorderteil: Bis 40 cm Gesamthöhe wie das Rückenteil arbeiten, dann die mittleren 22 Maschen abketten und die Seiten getrennt fertigstellen, dabei in jeder 10. Reihe, insgesamt 5mal, je 1 Masche abnehmen. Die andere Ausschnittseite gegengleich arbeiten.

Ärmel: Je 40 Maschen anschlagen, 9 cm Bündchen arbeiten. Dann an beiden Seiten in jeder 12. Reihe je 1 Masche zunehmen; nach 46 cm Gesamthöhe die Maschen abketten.

Kragen: 130 Maschen anschlagen, im Bündchenmuster 11 cm stricken, die mittleren 54 Maschen abketten, die Seitenteile getrennt gegengleich wie folgt fertigstellen: An jeder Innenseite 1mal je 3 Maschen abketten, dann in jeder 2. Reihe je 1 Masche abnehmen, insgesamt 3mal. Danach gerade hochstricken, nach 30 cm Gesamthöhe alle Maschen abketten.

Fertigstellung
Schulternähte schließen, Ärmel einsetzen, Ärmel- und Seitennähte schließen. Kragen einnähen, dabei in der vorderen Mitte die Teile übereinanderlegen.

Lampenschirm

Material
MEZ-Garn »Rote Tulpe«, 2 Knäuel dunkelrot; Stricknadeln Nr. 2 und Nr. 3, Häkelnadel Nr. 2.

Ausführung:
Der Lampenschirm wird aus 3 rhombenähnlichen Strickteilen zusammengesetzt.

Lampenschirm

Ein Teil strickt man so:
Mit den Nadeln Nr. 2 werden 5 Maschen angeschlagen, und die ersten 7 Reihen werden auch mit dieser Nadelstärke gearbeitet.
1. Reihe: rechte Maschen.
2., 4. und 6. Reihe: rechte Maschen, vor und nach der mittleren Masche je 1 Umschlag.
3., 5. und 7. Reihe: rechte Maschen, die Umschläge offen rechts abstricken.
8. Reihe (Nadeln Nr. 3): 2 Maschen rechts, + 1 Umschlag, 1 Masche rechts +; von + bis + fortlaufend wiederholen. Am Ende der Reihe 2 Maschen rechts.
Die nächsten drei Reihen mit Nadeln Nr. 2 arbeiten.
9. Reihe: alle Maschen und die beiden Umschläge vor und nach der Mittelmasche rechts abstricken, alle übrigen Umschläge fallen lassen.
10. Reihe: rechte Maschen, vor und nach der Zentralmasche je 1 Umschlag.
11. Reihe: rechte Maschen.
12. Reihe: wie die 8. Reihe und mit den Nadeln Nr. 3.
Die Reihen 9–12 so oft wiederholen, bis 91 Maschen auf der Nadel sind. Alle Maschen locker abketten.
Jetzt die beiden anderen Teile stricken.

Fertigstellung:
Die rhombenähnlichen Teile werden an ihren Randmaschenseiten zusammengehäkelt, so daß die mittleren Maschen des ehemaligen Anschlags den Mittelpunkt des oberen Lampenschirms bilden.
Zunächst behäkelt ihr diese Kanten aber jeweils mit einer Reihe fester Maschen; die Anzahl richtet ihr so aus, daß sie durch 5 teilbar ist.
Über diesen festen Maschen folgt nun die 2. Häkelreihe: + 1 feste Masche, 5 Luftmaschen, 3 feste Maschen +; von + bis + fortlaufend wiederholen.
Bei der 2. Häkelreihe des anstoßenden Teils wird statt der 3. Luftmasche des Luftmaschenbogens 1 Kettmasche in den entsprechenden Luftmaschenbogen des anderen Teiles gearbeitet (Kettmasche: in die Luftmasche einstechen, den Faden holen und ihn durch beide auf der Nadel befindlichen Schlingen ziehen). So werden die Kanten miteinander verbunden.
Für die Quasten umwickelt man einen 4,5 cm breiten Kartonstreifen ca. 70mal und bindet das Bündel gut ab. Am entgegengesetzten Ende schneidet man das Garn auf und bindet mit einem Faden die Quaste ca. 1,5 cm unterhalb des Knotens fest ab. Dann bringt man die Quasten an den Zipfeln des Lampenschirms an.

Strickpuppe

ca. 40 cm

Material
Junghans-Wolle »Vestan«, je 100 g beige und rot sowie 50 g gelb, mittelblau, dunkelblau und grün; Stricknadeln Nr. 3½; Watte zum Ausstopfen, Filzreste.

Muster
Körper glatt links. Kleid im Perlmuster und glatt rechts in Streifen.

Maschenprobe
Glatt rechts und Perlmuster: 25 Maschen x 34 Reihen = 10 cm².

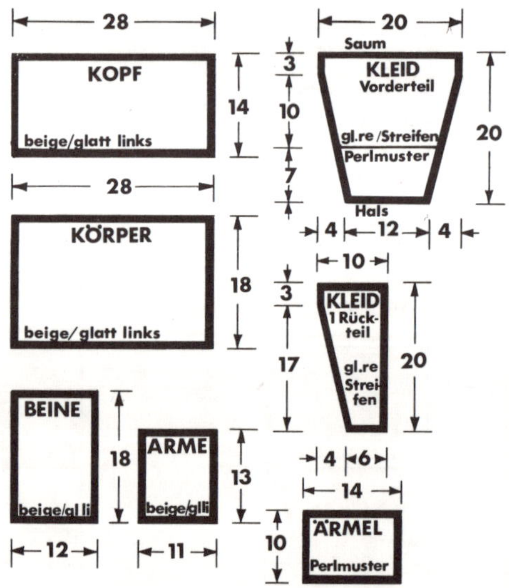

Ausführung Körper
Körper mit Kopf in Beige: 70 Maschen anschlagen und 32 cm hochstricken.

Beine: Je 29 Maschen anschlagen und 18 cm gerade hochstricken.

Arme: Je 27 Maschen anschlagen und 13 cm gerade hochstricken.

Fertigstellung:
Am Körperteil die Längsnaht im Matratzenstich schließen. Die Naht in die rückwärtige Mitte legen und dann die obere Kopfnaht schließen. Den Körper mit Watte füllen und die untere Naht schließen. Für den Kopf nach 14 cm von der oberen Naht entfernt einen doppelten Faden einsteppen und fest zusammenziehen. Die Beine und Arme zusammennähen, füllen und am Körper annähen; an den Enden die Hände und Füße abbinden.
Für die Haare aus gelbem Garn etwa 60 cm lange Fäden schneiden und diese vom Hinterkopf bis zur Stirn über den Kopf legen und in der Mitte (Scheitel) mit gelbem Faden (immer mehrere Fäden zusammen) feststeppen; die Fäden seitlich zu Zöpfen flechten.
Für das Gesicht aus Filzresten Augen und Mund schneiden und aufnähen.

Ausführung Kleid
Rückenteil: In Rot 15 Maschen anschlagen und 20 cm glatt rechts in Streifen – abwechselnd je 2 Reihen rot, dunkelblau, gelb, rot, mittelblau, grün – stricken, dabei ab der 3. Reihe in jeder 6. Reihe an einer Seite je 1 Masche zunehmen, insgesamt 9mal. Noch 10 Reihen gerade hochstricken und dann alle Maschen abketten. Das zweite Teil gegengleich arbeiten.

Vorderteil: In Rot 30 Maschen anschlagen und 7 cm rot im Perlmuster stricken. Dann glatt rechts in Streifen weiterarbeiten. Ab der 3. Reihe nach dem Anschlag in jeder 6. Reihe beidseitig je 1 Masche zunehmen, insgesamt 9mal, noch 10 Reihen gerade hocharbeiten und alle Maschen abketten.

Ärmel: Je 35 Maschen anschlagen und 10 cm rot im Perlmuster gerade hochstricken.

Fertigstellung:
Seitennähte im Matratzenstich schließen, dabei für die Armausschnitte 7 cm offen lassen. Schulternähte ca. 2 cm schließen. Ärmel zusammen- und einnähen. Alle Ränder in Rot (Rückenöffnung, Saum, Halsausschnitt) mit 1 Reihe fester Maschen behäkeln. In der 2. Reihe fortlaufend 1 feste Masche, 1 Luftmasche, 1 feste Masche übergehen. Eine Kordel drehen und durch die Lochreihe am Halsrand ziehen, im Rükken binden.

Strickpuppe

Abnehmen

Die Maschenzahl verringern ist ganz einfach: Es werden zwei nebeneinander liegende Maschen als eine zusammengestrickt.
Soll beispielsweise bei einem Ärmel oder Halsausschnitt die Schrägung der Abnahmen als ein Muster erscheinen, dann muß man darauf achten, in welche der beiden Maschen, die zusammengestrickt werden, man zuerst einsticht.
Bei der Schrägung nach rechts wird in die zweite Masche seitlich von vorne eingestochen.
Bei der Schrägung nach links wird in die vorne liegende Masche eingestochen – als wenn man links abstricken wollte – dann in die zweite, der Arbeitsfaden aufgenommen und durch beide auf der Nadel befindlichen Schlingen gezogen.

Abnahmen nach rechts und links

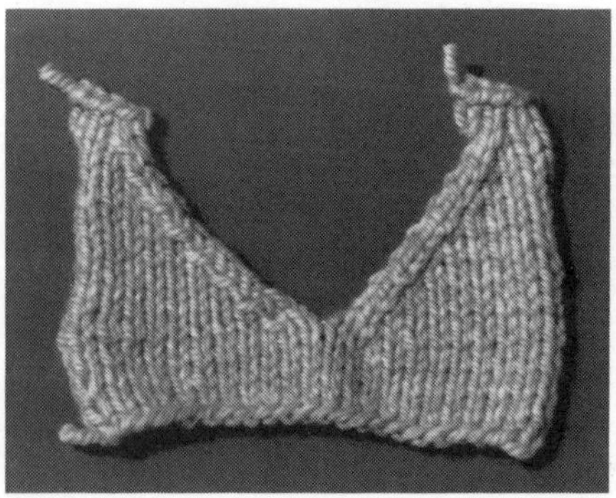

Doppelte Abnahmen

Doppelte Abnahmen gibt es auch. Hierfür markiert ihr euch eine Zentralmasche, gebt sie auf eine Hilfsnadel. Eine Hilfsnadel ist eine beliebige Nadel, die gerade nicht gebraucht wird und auf der man eine oder mehrere Maschen ruhen lassen kann. Jetzt strickt ihr die rechts und links neben der Zentralmasche liegenden Maschen – wie bei der Schrägung nach links – zusammen. Danach wird die Zentralmasche über die neuentstandene Masche gezogen, so habt ihr aus drei Maschen eine gemacht. In den Rückreihen wird immer ohne Abnahmen gestrickt.

Zackenmuster

Strickt ihr abwechselnd doppelte Zunahmen und doppelte Abnahmen, dann entsteht ein hübsches Zick-Zack-Muster.

Schnittmuster

Wenn ihr nach einer Arbeitsanleitung strickt, dann findet ihr meistens daneben eine kleine Schnittzeichnung. Diese Schnittzeichnung müßt ihr auf die Originalgröße bringen. Während des Arbeitens wird dann euer Gestrick immer wieder auf dieses originalgroße Muster gelegt; so läßt sich gut kontrollieren, ob Paßform und Größe richtig sind.

Kontrolle der Paßform

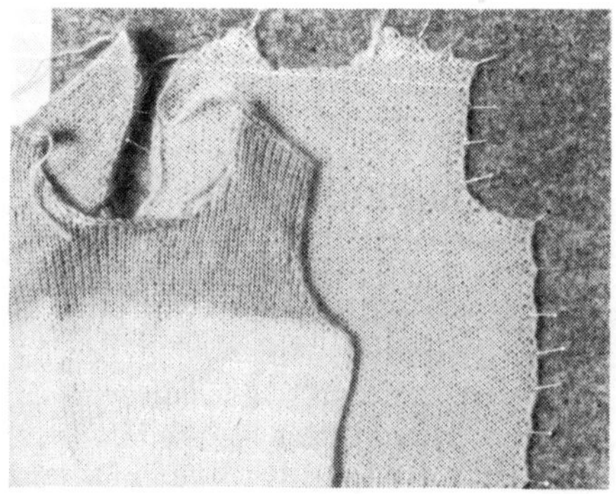

Um die Schnittskizze zu übertragen, benötigt ihr einen großen Bogen Papier, ein Lineal, ein rechtwinkliges Dreieck, einige Stifte und eine Schere.
Nach den Zentimeterangaben der Skizze zeichnet ihr nun euer Muster schnittgemäß auf das Papier. Und zwar beginnt ihr an einer Seite, die einen rechten Winkel zeigt.
Wer sich das nicht so recht zutraut, der teilt die gesamte Fläche zunächst in 10 cm große Quadrate ein. So lassen sich vor allem die Rundungen leichter übertragen.

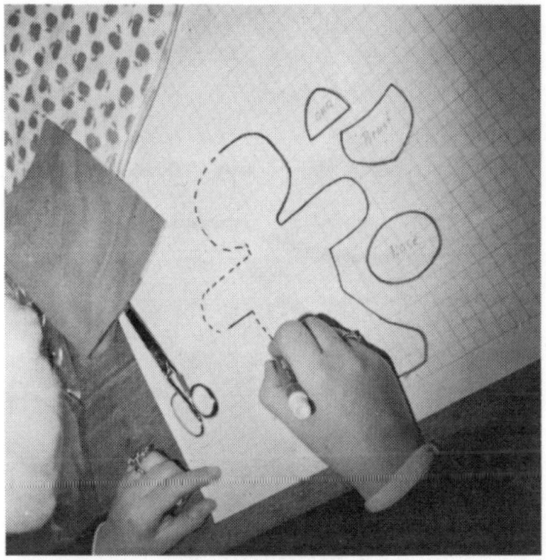

Übertragen des Schnittmusters

Noch einfacher geht es auf Millimeterpapier. Da ist jedes Kästchen 1 cm im Quadrat, die fetter gedruckten großen Quadrate sind 10 x 10 cm.
Wenn das originalgroße Schnittmuster fertig gezeichnet ist, dann lest die Arbeitsanleitung Satz für Satz genau durch und tragt die einzelnen Arbeitsschritte in das Schnittmuster an der entsprechenden Stelle ein. So braucht ihr während des Strickens nicht immer im Text nachlesen, was als nächstes zu tun ist.
Wollt ihr einen Pullover stricken, dessen Schnittmusterzeichnung die Angaben für Größe 36 enthält, ihr aber die Größe 40 benötigt, dann müßt ihr den Schnitt vergrößern. Das geht ganz leicht. Zunächst stellt ihr das Schnittmuster genau nach der Anleitung her. Dann schneidet ihr es einmal senkrecht und einmal waagerecht durch. Schiebt nun die Teile so weit auseinander, bis die gewünschte Größe erreicht ist. Bedenkt aber dabei, daß eine Vorderteilhälfte nur ein Viertel des gesamten Umfangs darstellt. Soll der Pullover beispielsweise 8 cm weiter werden, dann schiebt ihr die Teile in der Senkrechten jeweils nur 2 cm auseinander. Bei der Längenveränderung werden die Teile am waagerechten Schnitt jeweils um die ganze Länge auseinandergeschoben. Die Ärmel vergrößert man in beiden Richtungen nach dem gleichen Maß. Dann werden die auseinandergeschobenen Teile auf eine Unterlage geklebt.

Schnittmuster vergrößern

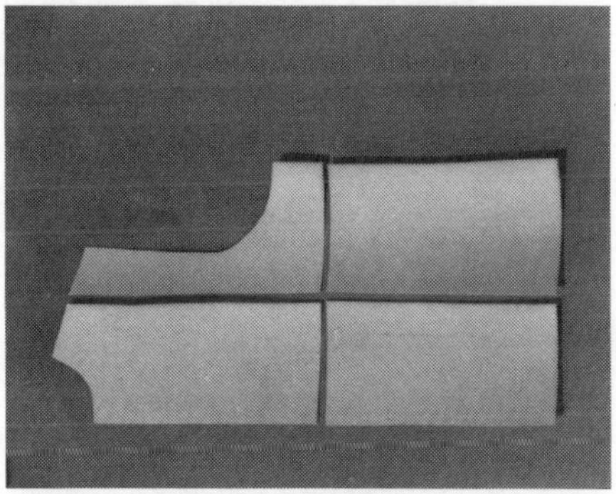

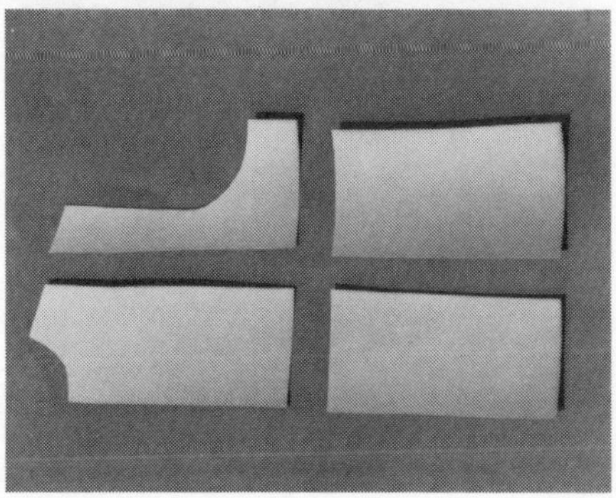

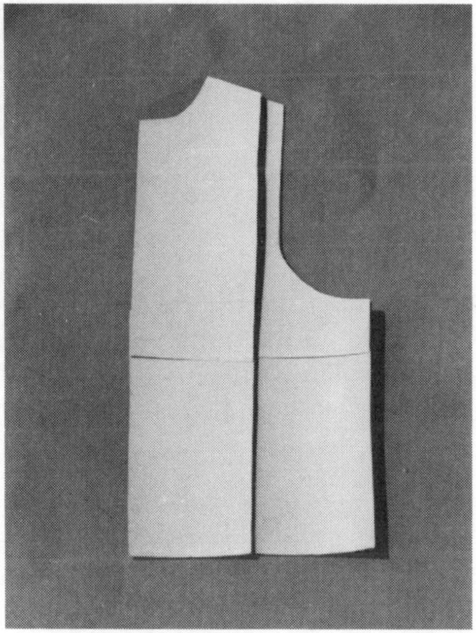

Schnittmuster verkleinern

Schnittmuster verkleinern kann man ebenso einfach. Hierzu wird im Originalschnitt die überflüssige Weite und Länge weggefaltet. Auch hier wieder beim Rumpfteil senkrecht nur ein Viertel der Weite wegfalten.

Duftiges Sommerkleid

Größe 38/40

Material
Schachenmayr-Wolle »Nomotta Viola«, 700 g weiß; Schnellstricknadeln Nr. $3^1/_2$; Rundstricknadeln 200 cm und 120 cm lang, beide Nr. $3^1/_2$; Häkelnadel Nr. 3.

Muster
Oberteil: Glatt rechts stricken.
Rock und Kragen: In der 1. Runde + 1 doppelte Abnahme, 10 Maschen rechts, 1 doppelte Zunahme rechts verdreht, 10 Maschen rechts +, von + bis + fortlaufend wiederholen.

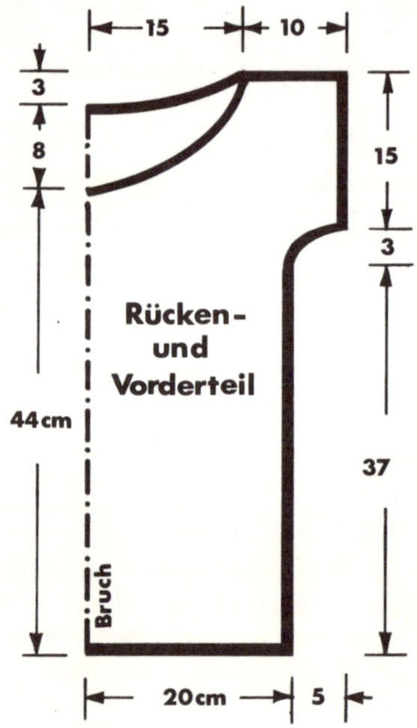

Duftiges Sommerkleid

In der 2. Runde alle Maschen rechts strikken.
1. und 2. Runde fortlaufend wiederholen.

Maschenprobe
Glatt rechts 22 Maschen x 26 Reihen = 10 cm².

Ausführung
Oberteil: Für den Rücken 88 Maschen anschlagen und 6 Reihen kraus rechts stricken, dann im Grundmuster weiterarbeiten. Nach 37 cm Höhe in jeder 2. Reihe an beiden Seiten je 4 Maschen, dann je 3 Maschen und 2mal je 2 Maschen zunehmen, so daß sich anschließend 110 Maschen auf der Nadel befinden. Dann weiter gerade hochstricken. Nach 52 cm Gesamthöhe für den rückwärtigen Halsausschnitt die mittleren 36 Maschen abketten. Nun an beiden Seiten in jeder 2. Reihe von der Mitte aus 2mal 5, dann je 3 und zum Schluß je 2 Maschen abketten; die restlichen je 22 Schultermaschen locker abketten.

Vorderteil: Bis auf eine Gesamthöhe von 44 cm genauso wie das Rückenteil stricken. Für den Halsausschnitt die mittleren 20 Maschen abketten und dann wieder beiderseitig in jeder 2. Reihe je 4, 2mal je 3, 1mal je 2 und 11mal je 1 Masche abketten; die restlichen je 22 Schultermaschen lokker abketten.

Kragen: Mit der 120 cm langen Rundstricknadel 384 Maschen anschlagen und 6 Runden kraus rechts stricken. Dann im Muster weiterarbeiten, wobei hier nur 6 Maschen statt 10 Maschen zwischen den Zu- und Abnahmen liegen. So 10 Runden stricken. In der 11. Runde keine Maschen mehr zunehmen, dann wieder mit Zu- und Abnahmen arbeiten und in jeder 8. folgenden Runde ebenfalls keine Zunahmen. Nach 56 Runden die Maschen locker abketten.
Rock: Mit der 200 cm langen Rundstricknadel 466 Maschen anschlagen und 6 Runden kraus rechts stricken, dann im Muster weiterarbeiten. In der 23. Runde die erste Abnahme vornehmen, indem keine Zunahmen erfolgen. Ebenfalls keine Zunahmen in den Runden 49, 71, 93, 115, 137, 159 und 171, so daß in der 172. Runde noch 152 Maschen auf der Nadel sind. Dann 10 Runden im Muster weiterarbeiten. Nach 182 Runden noch 6 Runden kraus rechts stricken. Maschen locker abketten.

Fertigstellung
Das Vorder- und Rückenteil spannen, anfeuchten und trocknen lassen. Die Schulternähte schließen. Aus den Armausschnitträndern je 66 Maschen aufnehmen und 6 Reihen kraus rechts stricken. Maschen locker abketten. Die Seitennähte schließen. Den Kragen mit 1 Reihe fester Maschen an den Halsausschnitt häkeln.
Eine Kordel aus 4 Fäden – fertige Länge 180 cm – drehen und unterhalb der Krauskante als Taillenband einziehen.

Zacken-Pullover

Größe 36–40

Material
Britanica »Mohair Spun«, 300 g dunkelblau, 50 g zimt, 50 g curry; Schnellstricknadeln Nr. 6.

Zacken-Pullover

Muster
Glatt rechts und kraus rechts stricken.

Maschenprobe
16 Maschen x 20 Reihen = 10 cm^2.

Ausführung
Rücken- und Vorderteil werden gleich gearbeitet: Anschlag 71 Maschen in Dunkelblau. Die Mittelmasche mit einem Faden markieren. Die Rückreihe mit linken Maschen abstricken. Nun wie folgt mit Zu- und Abnahmen weiterarbeiten:
1. Reihe: 1 Masche rechts stricken. Aus der 2. Masche 2 Maschen herausstricken (= 1mal von vorne und 1mal von hinten einstechen). Rechts weiterarbeiten bis 2 Maschen vor der Mittelmasche, 2 Maschen rechts verschränkt zusammenstricken, die Mittelmasche rechts stricken, nach der Mittelmasche 2 Maschen zusammenstricken. Rechts weiterarbeiten bis zu den letzten 2 Maschen. Aus der nächsten Masche 2 Maschen herausstricken, dann noch eine Masche rechts.
2. Reihe links stricken.
Diese beiden Reihen fortlaufend wiederholen.
Es können in beliebiger Höhe Kontraststreifen eingearbeitet werden. Dabei darauf achten, daß der Farbwechsel immer auf der Rückseite und zwar mit einer Links-Reihe vorgenommen wird.
Für die Kontraststreifen 8 Reihen im Krausmuster stricken. Bei ca. 65 cm Länge (Seitenkante) für die Schultern beidseitig 5mal je 2 Maschen abketten. Gleichzeitig über alle Maschen im Krausmuster stricken. Die restlichen Maschen gerade abketten.

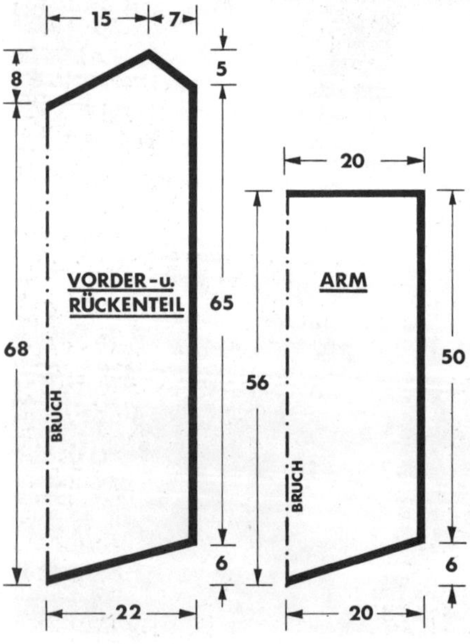

Ärmel: In Dunkelblau 63 Maschen anschlagen und genau gleich wie beim Rückenteil beschrieben arbeiten. In 50 cm Höhe an der Seitenkante gemessen, beidseitig in jeder 2. Reihe 3 Maschen abketten, bis alle Maschen aufgebraucht sind.

Fertigstellen
Schultern schließen. Ärmel einsetzen, Seiten- und Ärmelnähte schließen.

Weste

Größe 38/40

Material
Junghans-Wolle »Charme«, je 250 g oliv und kamel, Stricknadel Nr. 3–4.

Muster
Streifenmuster (Maschenzahl teilbar durch 10): Die ersten 30 Reihen oliv stricken.
1. Reihe: rechte Maschen stricken.
2. Reihe: linke Maschen stricken.
3. Reihe: 5 rechte Maschen, dann fortlaufend 1 Masche links und 9 Maschen rechts stricken. Die Reihe endet mit 1 Masche links und 4 Maschen rechts.
4. Reihe: 3 Maschen links, dann fortlaufend 3 Maschen rechts und 7 Maschen links stricken. Die Reihe endet mit 3 Maschen rechts und 4 Maschen links.

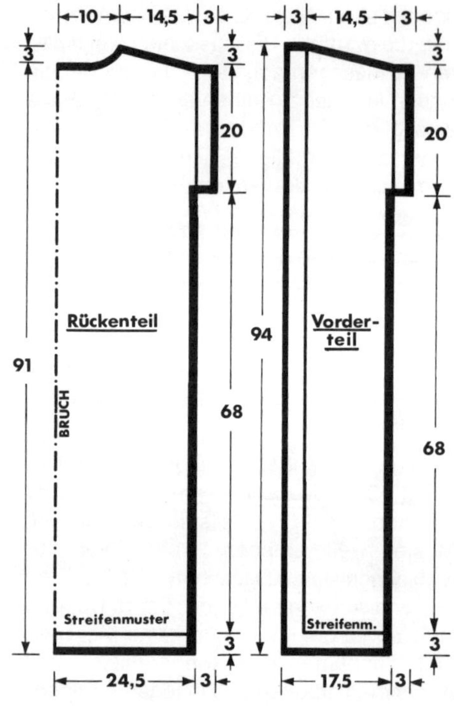

5. Reihe: 3 Maschen rechts, dann fortlaufend 5 Maschen links und 5 Maschen rechts stricken. Die Reihe endet mit 5 Maschen links und 2 Maschen rechts.
6. Reihe: 1 Masche links, dann fortlaufend 7 Maschen rechts und 3 Maschen links stricken. Die Reihe endet mit 7 Maschen rechts und 2 Maschen links.
7. Reihe: 1 Masche rechts, dann fortlaufend 9 Maschen links und 1 Masche rechts stricken. Die Reihe endet mit 9 Maschen links.
8. Reihe: linke Maschen stricken.
9. Reihe: rechte Maschen stricken.
10. Reihe: fortlaufend 9 Maschen links und 1 Masche rechts stricken.
11. Reihe: 2 Maschen links, dann fortlaufend 7 Maschen rechts, 3 Maschen links stricken. Die Reihe endet mit 7 Maschen rechts und 1 Masche links.
12. Reihe: 2 Maschen rechts stricken. dann fortlaufend 5 Maschen links und 5 Maschen rechts stricken. Die Reihe endet mit 5 Maschen links und 3 Maschen rechts.
13. Reihe: 4 Maschen links, dann fortlaufend 3 Maschen rechts und 7 Maschen links stricken. Die Reihe endet mit 3 Maschen rechts und 3 Maschen links.
14. Reihe: 4 Maschen rechts, dann fortlaufend 1 Masche links und 9 Maschen rechts stricken. Die Reihe endet mit 1 Masche links und 5 Maschen rechts.
15. Reihe: rechte Maschen stricken.
16. Reihe: linke Maschen stricken.
17.–30. Reihe: wie die 3.–16. Reihe arbeiten.
Nun in Kamel weiterarbeiten.
31. Reihe: 2 Maschen rechts, dann fortlaufend 6 Maschen links und 2 Maschen

Weste

rechts stricken. Die Reihe endet mit 2 Maschen links.
32. Reihe: 2 Maschen rechts, dann fortlaufend 2 Maschen links und 6 Maschen rechts stricken. Die Reihe endet mit 2 Maschen links.
33. und 34. Reihe: wie die 31. und 32. Reihe.
35. Reihe: 4 Maschen rechts, dann fortlaufend 2 Maschen links und 6 Maschen rechts stricken.
36. Reihe: fortlaufend 6 Maschen links und 2 Maschen rechts stricken. Die Reihe endet mit 4 Maschen rechts.
37. und 38. Reihe: wie die 35. und 36. Reihe.
39. Reihe: linke Maschen stricken.
40. Reihe: rechte Maschen stricken.
31.–40. Reihe: 2mal wiederholen = 60 Reihen insgesamt. Diese 60 Reihen fortlaufend wiederholen.
Die Kantenabschlüsse im Bündchenmuster 1 Masche rechts, 1 Masche links arbeiten.

Maschenprobe
Im Streifenmuster: 22 Maschen x 42 Reihen = 10 cm².

Ausführung.
110 Maschen in Oliv anschlagen und 3 cm = 12 Reihen kraus rechts stricken. Dann im Streifenmuster 68 cm gerade hochstricken. Nun für die angeschnittenen Ärmel beidseitig 3 cm = 9 Maschen anschlagen und über diesen 9 Maschen durchgehend das Bündchenmuster stricken. Nach 20 cm Armausschnitthöhe die Schultern und den Halsausschnitt gleichzeitig arbeiten. Für die Schulterschrägung in jeder 2. Reihe an beiden Seiten je 9 Maschen, dann 3mal 5 Maschen und danach 3mal 6 Maschen abketten. Für den Halsausschnitt die mittleren 26 Maschen abketten, dann beidseitig in jeder 2. Reihe je 3 Maschen, dann 2mal 2 Maschen und danach 2mal 1 Masche abnehmen.

Vorderteil: 39 Maschen in Oliv anschlagen und 3 cm = 12 Reihen im Bündchenmuster stricken. Dann im Streifenmuster weiterarbeiten, dabei für die vordere Blende 9 Maschen durchgehend im Bündchenmuster arbeiten. Ärmelränder und Schulterschrägung wie im Rückenteil fertigen. Dann über den restlichen 9 Maschen der vorderen Blende noch 9 cm gerade hochstricken. Das zweite Teil gegengleich arbeiten.

Fertigstellung
Schulter- und Seitennähte schließen. Die länger gestrickten Blenden der beiden Vorderteile zusammen- und an den rückwärtigen Halsausschnitt annähen.

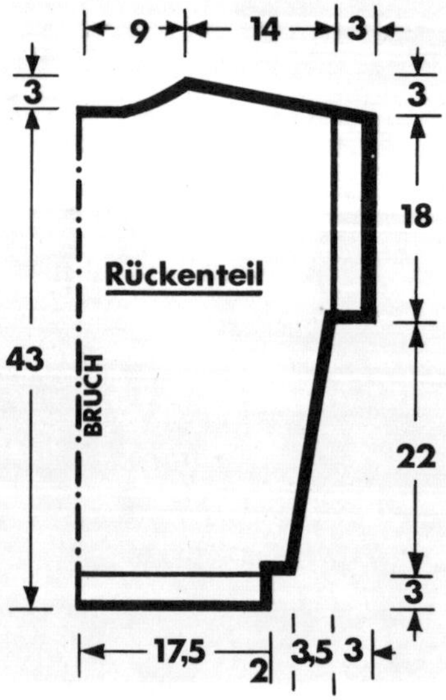

Wickelpulli im gleichen Stil

Größe 38/40

Material
Junghans-Wolle »Charme«, 350 g kamel; Stricknadel Nr. 3–4.

Muster
Kraus rechts und dann fortlaufend die 1.–16. Reihe der vorhergehenden Weste arbeiten.

Maschenprobe
Im Streifenmuster 22 Maschen x 42 Reihen = 10 cm².

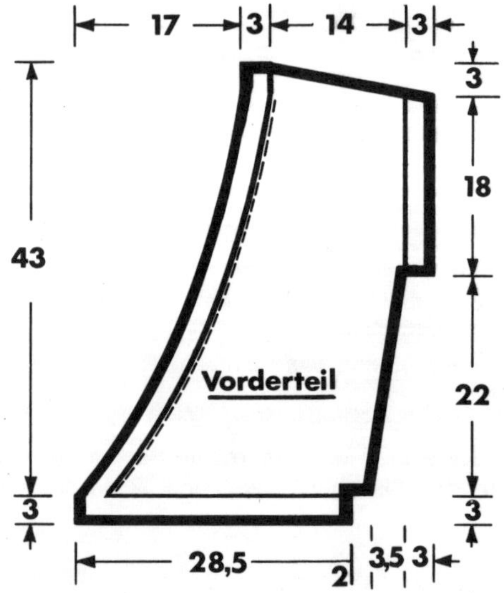

Ausführung

Rückenteil: 78 Maschen anschlagen und 3 cm = 12 Reihen kraus rechts stricken. Dann im Streifenmuster weiterarbeiten, dabei in der 1. Reihe gleichmäßig verteilt 12 Maschen aufnehmen. Gleichzeitig ab dem Streifenmuster an den Seiten nach je 3 cm 6mal je 1 Masche zunehmen, so daß danach 104 Maschen auf der Nadel sind. Gesamthöhe für die angeschnittenen Ärmel beidseitig 9 Maschen dazu anschlagen und über diesen 9 Maschen durchgehend das Bündchenmuster stricken. Nach 18 cm Armausschnitthöhe die Schulterschrägung und den Halsausschnitt gleichzeitig arbeiten. Für die Schulterschrägung in jeder 2. Reihe 1mal 5 Maschen und 6mal 6 Maschen abketten. Für den Halsausschnitt die mittleren 22 Maschen abketten und beidseitig in jeder 2. Reihe 1mal 3, dann 2mal 2 Maschen und danach 2 mal 1 Masche abnehmen.

Vorderteil: 62 Maschen anschlagen und 3 cm = 12 Reihen das Bündchen stricken. Dann im Streifenmuster weiterarbeiten, dabei in der 1. Reihe gleichmäßig verteilt 12 Maschen aufnehmen und für die vordere Blende 9 Maschen durchgehend kraus rechts arbeiten. Bei den seitlichen Zunahmen, Ärmelausschnitten und Schultern wie beim Rückenteil vorgehen. Für die vordere Schrägung 30mal in jeder 4. Reihe und 10mal in jeder 6. Reihe 1 Masche abnehmen, dafür stets die 10. und 11. Masche zusammenstricken. Über den restlichen 9 Maschen der vorderen Blende noch 8 cm kraus rechts gerade hocharbeiten. Das zweite Teil gegengleich arbeiten.

Wickelpulli im gleichen Stil

Bänder: 9 Maschen anschlagen und ca. 45 cm kraus rechts stricken.

Fertigstellung
Schulter- und Seitennähte schließen, dabei für den Banddurchzug an der rechten Seite die Naht ca. 2 cm offen lassen. Bänder annähen. Die länger gestrickten Blenden der beiden Vorderteile zusammen- und am rückwärtigen Halsrand annähen.

Bikini mit Dreiecktuch

Größe 38

Material
Esslinger-Wolle »Bouclé«, für den Bikini 100 g rot und ein Rest in Weiß, für das Dreiecktuch 300 g weiß und 50 g rot; Schnellstricknadeln Nr. 3, Rundstricknadel Nr. 3¹/₂, 100 cm lang.

Muster
In Rippen (1 Rippe = 2 Reihen) glatt rechts, glatt links, kraus rechts.

Maschenprobe
22 Maschen x 34 Reihen = 10 cm².

Ausführung Bikini
Oberteil: 130 Maschen in Rot anschlagen und glatt rechts ca. 10 cm stricken, Maschen abketten.

Höschen: 76 Maschen anschlagen, 5 Reihen glatt rechts, 1 Reihe links als Bruchreihe, dann weitere 13 Reihen glatt rechts arbeiten. Dann 4 cm in glatt links stricken. Anschließend die Abnahmen für die Beinschrägung beidseits wie folgt ausführen: jede 2. Reihe 1mal je 3 Maschen, 3mal je 2 Maschen, 23mal je 1 Masche, bis 12 Maschen übrig bleiben. Über diesen Maschen 12 Reihen gerade hochstricken. Dann beiderseits mit den Zunahmen für das Höschenvorderteil wie folgt beginnen: 3mal je 1 Masche in jeder 4. Reihe, dann in jeder 2. Reihe 4mal je 1 Masche, 6mal je 2 Maschen, 3mal je 3 Maschen und 1mal je 4 Maschen. 4 Zentimeter glatt links hocharbeiten, dann 13 Reihen glatt rechts, 1 Reihe links und 5 Reihen glatt rechts stricken, abketten.

Fertigstellung
Oberteil: In Weiß mit 1 Runde fester Maschen umhäkeln, dabei an der linken Seite 4 Knopfschlingen aus Luftmaschen häkeln. Das Oberteil in der vorderen Mitte mit einem Kordelgummiband raffen und eventuell zum Binden im Nacken Luftmaschenkette befestigen. Knöpfe annähen.

Höschen: Seitennähte schließen, oberen Rand bis zur Bruchreihe nach innen schlagen und anheften. Alle Kanten in Weiß mit 1 Runde fester Maschen umhäkeln. Gummiband einziehen.

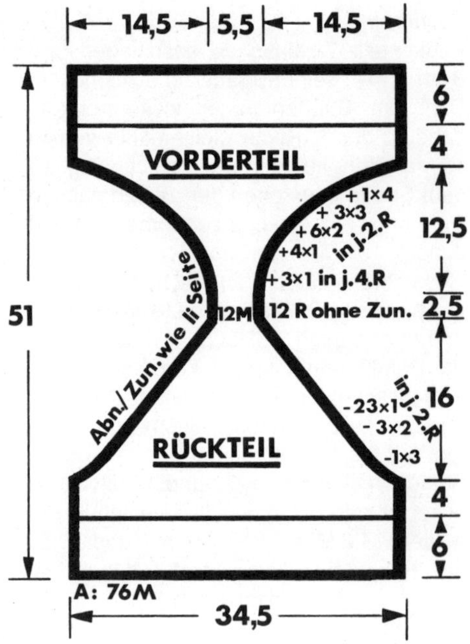

Ausführung Dreiecktuch
5 Maschen in Weiß anschlagen und folgendermaßen stricken: 41 Rippen kraus rechts, 10 Rippen glatt rechts, + 5 Rippen kraus rechts, 10 Rippen glatt rechts + ; von + bis + noch dreimal wiederholen. Dann 30 Rippen kraus rechts, 10 Rippen glatt rechts, 5 Rippen kraus rechts, 10 Rippen glatt rechts, und 5 Rippen kraus rechts. Dabei in jeder 2. Reihe in der Mitte eine doppelte Zunahme arbeiten, die Zentralmasche rechts abstricken. Gleichzeitig am Ende und Anfang jeder 4. Reihe jeweils 1 Masche zunehmen, Maschen abketten. Alle Kanten in Rot mit 1 Runde fester Maschen umhäkeln.
In Rot 3 Quasten anfertigen und an den Ecken befestigen.

Bikini mit Dreiecktuch

Verkreuzte Maschen

Verkreuzte Maschen ergeben sehr reizvolle Muster, besonders als rechts gestrickte Maschen im links gestrickten Untergrund.

Muster mit verkreuzten Maschen

Soll die Schrägung der obenliegenden Masche nach rechts gerichtet sein, dann wird an der Kreuzungsstelle die erste Masche auf eine Hilfsnadel oder eine Zopfmusternadel gegeben und hinter die Arbeit gelegt. Dann wird die zweite Masche rechts gestrickt und anschließend die Masche von der Hilfsnadel gearbeitet.
Soll die Schrägung nach links zeigen, dann wird die erste Masche auf die Hilfsnadel vor die Arbeit gelegt, die zweite Masche links gestrickt und dann erst die Masche auf der Hilfsnadel gearbeitet.
In der Rückreihe werden alle Maschen so gestrickt, wie sie erscheinen; das heißt, linke Maschen links und rechte Maschen rechts.

Zopfmuster

Zopfmuster haben nichts mit geflochtenen Zöpfen zu tun. Sie entstehen durch das Verkreuzen von Maschengruppen. Zunächst strickt man meist ein Rippenmuster, zum Beispiel 2 Maschen links, 6 Maschen rechts, 2 Maschen links usw. Die rechten Maschen müssen immer durch 2 teilbar sein, da sie ja zum »Verzopfen« in zwei Gruppen geteilt werden.
An der Stelle, wo nun gezopft werden soll, legt ihr die erste Hälfte der rechten Maschen auf einer Hilfs- oder Zopfmusternadel still. Jetzt wird zuerst die zweite Maschengruppe gestrickt und danach die Maschen von der Hilfsnadel.

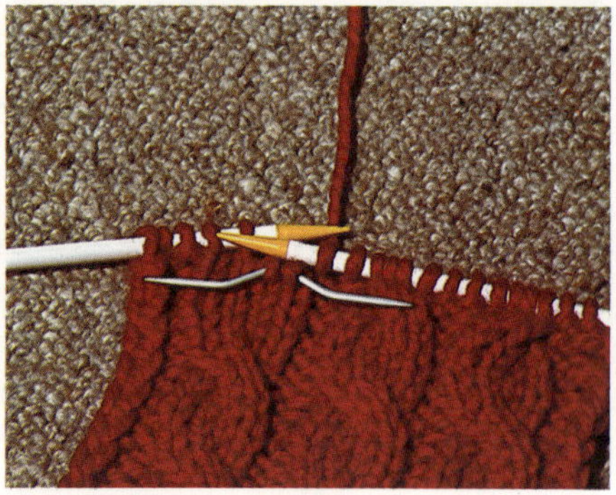

Maschen verzopfen

Soll die Verkreuzung nach *rechts* zeigen, werden die Maschen auf der Hilfsnadel *hinter* die Arbeit gelegt, und die zweite Maschengruppe zuerst gestrickt.
Soll die Verkreuzung nach *links* zeigen, werden die Maschen auf der Hilfsnadel *vor* die Arbeit gelegt, die zweite Maschengruppe links und die stillgelegten Maschen rechts gestrickt.
Die meisten Zopfmuster werden immer nach der gleichen Richtung verkreuzt, so daß ein gleichmäßiges Muster entsteht.
Man kann aber auch die Verkreuzung immer abwechseln, dann erscheint ein schlangenartiges Muster.

Gleichmäßiges Zopfmuster

Abwechselnde Verkreuzungen

Doppelzopf gegeneinander verkreuzt

Wenn man zwei direkt nebeneinander liegende Zöpfe immer gegeneinander verkreuzt, entsteht ein reizvoller Doppelzopf.

Zopfmusternadel

Eine Zopfmusternadel ist eine besondere kurze, an beiden Seiten angespitzte Nadel. Sie hat in der Mitte einen Knick, damit die Maschen, die stillgelegt sind, nicht so leicht abrutschen können.

Hilfsnadel

Eine Hilfsnadel ist eine Stricknadel aus einem Nadelspiel, sie hat zwei angespitzte Enden. Als Hilfsnadel dient eine Nadel, die gerade nicht zum Stricken verwendet wird.

Jacke im Aranmuster

Größe 40–44

Material
Schoeller-Wolle »Tatra«, 1300 g naturmeliert; Schnellstricknadeln Nr. 7, Rundstricknadel Nr. 7, 40 cm lang.

Muster
Kraus rechts, das Aranmuster nach Strickschrift.

Maschenprobe
13 Maschen x 1.–14. Reihe der Strickschrift = 10 cm².

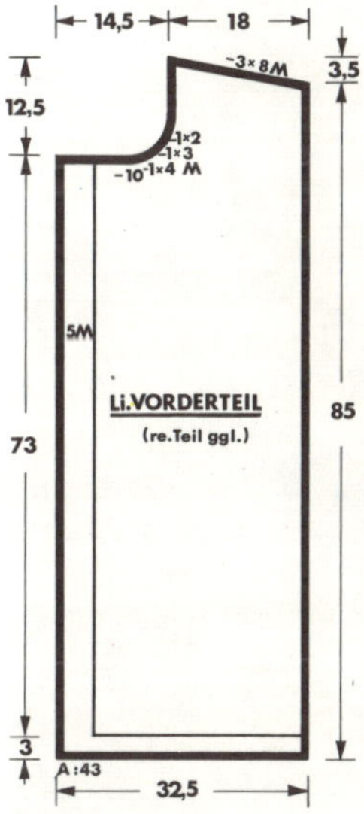

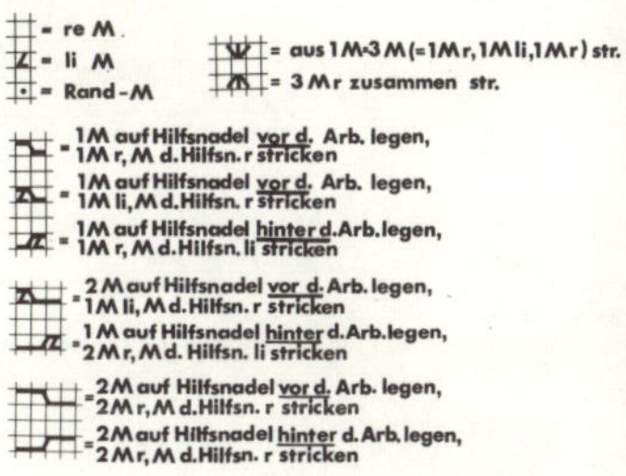

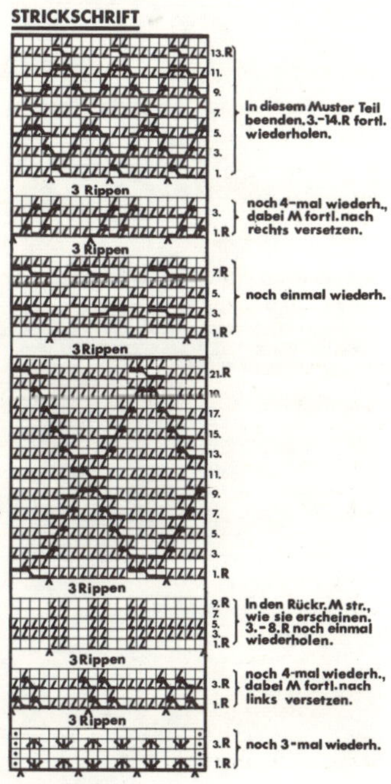

Ausführung

Rücken: 80 Maschen anschlagen und 3 Rippen = 6 Reihen kraus rechts stricken. Dann entsprechend der Strickschrift bis zu einer Gesamtlänge von 85 cm arbeiten. Für die Schultern an beiden Seiten 3mal je 8 Maschen abketten. Jetzt die restlichen Maschen ebenfalls abketten.

Vorderteil: 43 Maschen anschlagen und 3 Rippen kraus rechts stricken. Dieses Muster auf der linken Seite als Blende über 5 Maschen bis zum Halsausschnitt weiterführen. Das andere Gestrick im Aranmuster laut Strickschrift arbeiten. Nach 73 cm Gesamthöhe für den Halsausschnitt wie folgt abnehmen: 10 Maschen abketten, dann in jeder 2. Reihe 1mal 4 Maschen, 1mal 3 Maschen und 1mal 2 Maschen. Jetzt bis zu 85 cm gerade hochstricken. Für die Schulterschrägung von der Außenkante 3mal 8 Maschen abketten.

Fertigstellung

Die Schulter- und die Seitennähte ca. 60 cm schließen. Aus den Armausschnitten 64 Maschen aufnehmen und kraus rechts 4 Rippen stricken. Maschen abketten. Aus dem Halsausschnitt 86 Maschen aufnehmen und ebenfalls kraus rechts 4 Rippen stricken, dabei in der 3. und 5. Reihe verteilt jeweils 4 Maschen abnehmen. Dann die Maschen abketten.

Jacke im Aranmuster

Patchwork-Pullover

Größe 46

Material
Britanica-Wolle »Express«, verschiedene Farben, insgesamt 900 g; Schnellstricknadeln Nr. 7.

Muster
Das Bündchenmuster 2 Maschen rechts und 2 Maschen links im Wechsel, danach beliebige Muster und Farben; zum Beispiel Patentmuster, Zopfmuster, Perlmuster, Korbmuster, Rippenmuster, Aranmuster usw.

Maschenprobe
Glatt rechts 16 Maschen x 20 Reihen = 10 cm^2.

Ausführung
Rücken- und Vorderteil werden gleich gearbeitet. Fertigt euch einen Papierschnitt von 46 cm Breite und 54 cm Höhe an. Diese Fläche teilt ihr in 10 verschieden große Felder ein:

Fläche 1	Breite 11 cm,	Höhe 14 cm,
Fläche 2	Breite 23 cm,	Höhe 19 cm,
Fläche 3	Breite 12 cm,	Höhe 21 cm,
Fläche 4	Breite 11 cm,	Höhe 28 cm,
Fläche 5	Breite 23 cm,	Höhe 14 cm,
Fläche 6	Breite 12 cm,	Höhe 21 cm,
Fläche 7	Breite 23 cm,	Höhe 9 cm,
Fläche 8	Breite 11 cm,	Höhe 12 cm,
Fläche 9	Breite 12 cm,	Höhe 12 cm,
Fläche 10	Breite 23 cm,	Höhe 12 cm.

Patchwork-Pullover

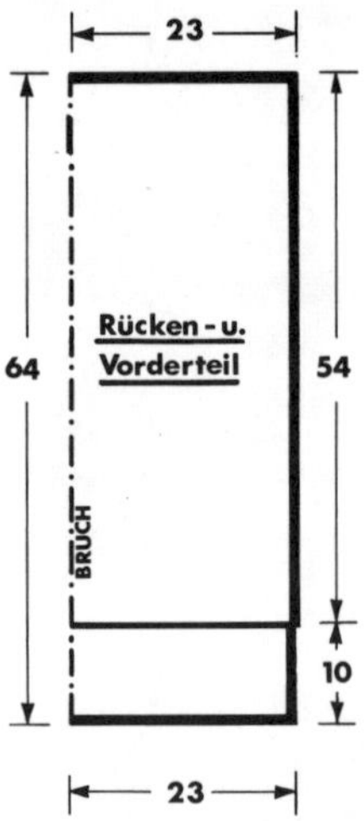

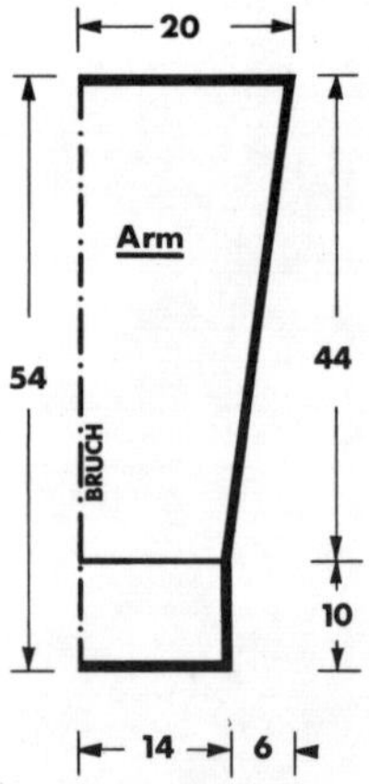

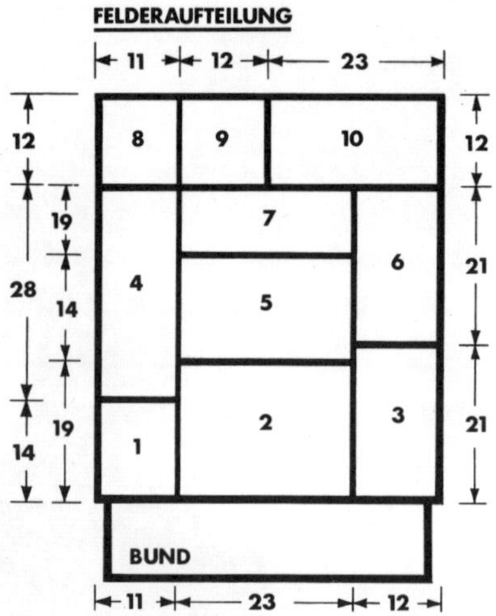

Arbeitet nun jedes der 10 Papierfelder in beliebigen Farben und Mustern. Die gestrickten Teile dann auf das Papiermuster aufspannen, einfeuchten und trocknen lassen. Mit Kettmaschen die Einzelteile gemäß der Schnitteinteilung zusammenhäkeln, und zwar wird abwechselnd in die nebeneinanderliegenden Teile gestochen. Bund für Rücken- und Vorderteil: Jeweils 52 Maschen anschlagen und 10 cm im entsprechenden Muster stricken. Maschen locker abketten.

Ärmel: 30 Maschen anschlagen und 10 cm im Bündchenmuster stricken. In der letzten Reihe gleichmäßig verteilt 16 Maschen zunehmen = 46 Maschen. Nun mit einer anderen Farbe im großen Perlmuster arbeiten, dabei beidseitig in jeder 6. Reihe 1 Masche zunehmen = 64 Maschen. Bei ca. 54 cm Gesamtlänge die Maschen locker abketten.

Fertigstellung
Die Schultern beidseitig 10 cm schließen. Für das Stehbündchen aus dem Halsausschnitt ca. 58 Maschen auffassen und in der Farbe des Bündchens und im gleichen Muster ca. 8 cm hochstricken. Die Maschen locker abketten. Das Bündchen zur Hälfte nach innen legen und annähen. Ärmel einsetzen, Seiten- und Ärmelnähte schließen.

Zopfmuster-Pullover

Größe 36–40

Material
Schachenmayr-Wolle »Nomotta Super-Show«, 400 g hellblau; Schnellstricknadeln Nr. 3 und Nr. 4, Nadelspiel (Strumpfstricknadeln) Nr. 3, Zopfmusternadel.

Muster
Doppelzopf gegeneinander verkreuzt, Rippenmuster.

Maschenprobe
20 Maschen x 24 Reihen = 10 cm².

Ausführung
Rückenteil: Mit den Nadeln Nr. 3 das Bündchen stricken, hierzu 122 Maschen anschlagen und 8 cm 1 Masche rechts, 1 Masche links stricken. Dann mit den Nadeln Nr. 4 im Zopfmuster weiterarbeiten.
1. Reihe: 7 Maschen links, + 12 Maschen rechts, 12 Maschen links +; von + bis + fortlaufend wiederholen. Die Reihe endet mit 7 linken Maschen.
2.–4. Reihe: Die Maschen so stricken, wie sie erscheinen.
5. Reihe: 7 Maschen links, + 2mal hintereinander Maschengruppen zu je 3 Maschen verkreuzen, 12 Maschen links +; von + bis + fortlaufend wiederholen, die letzten 7 Maschen links stricken.
6.–16. Reihe: Die Maschen stricken, wie sie erscheinen.
5.–15. Reihe: fortlaufend wiederholen. Nach 61 cm Gesamthöhe die Schulterschrägungen beginnen, in jeder 2. Reihe an beiden Seiten zuerst je 15 Maschen und dann 2mal je 14 Maschen abketten. Die restlichen Maschen für den Halsausschnitt auf einmal abketten.

Vorderteil: Das Vorderteil wie den Rücken arbeiten, jedoch für den V-Ausschnitt das Gestrick nach 43 cm Gesamthöhe in der Mitte teilen. An den mittleren Kanten für die Schrägungen in jeder 3. Reihe, insgesamt 18mal, je 1 Masche abnehmen. Nach 61 cm Gesamthöhe die Schulterschrägungen wie beim Rückenteil arbeiten.

Ärmel: Mit den Nadeln Nr. 3 das Bündchen über 62 Maschen Anschlag 5 cm hochstricken. Dann mit den Nadeln Nr. 4 im Rippenmuster, abwechselnd 6 Maschen links und 6 Maschen rechts, weiter; dabei in jeder 6. Reihe an beiden Seiten 1 Masche zunehmen, insgesamt 13mal = 88 Maschen. In 45 cm Gesamthöhe die Maschen locker abketten.

Fertigstellung

Die Teile spannen, anfeuchten und trocknen lassen. Schulternähte schließen, Ärmel einnähen. Seitennähte und Ärmelnähte schließen. Für den V-Ausschnitt mit dem Nadelspiel 140 und 1 Mittelmasche aufnehmen, 4 cm im Bundmuster stricken, dabei die Mittelmasche stets rechts stricken und in jeder Reihe beiderseits der Mittelmasche 1 Masche abnehmen. Maschen locker abketten.

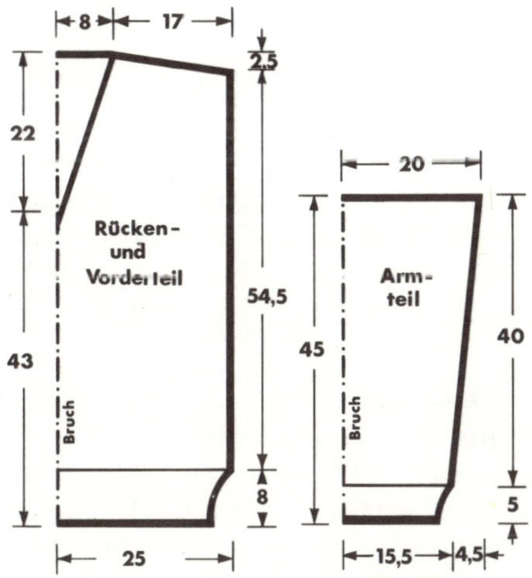

Zopfmuster-Pulli

Schal mit Mütze

Material

200 g Junghans-Wolle »Mohair-Mode«, 200 g jeansblau, Stricknadeln Nr. $3^{1}/_{2}$, Nadelspiel Nr. 4.

Muster

Den Schal nach Strickschrift arbeiten.

Maschenprobe

Kraus rechts 19 Maschen x 23 Reihen = 10 cm^2.

Ausführung Schal

5 Maschen anschlagen und mit krausen Maschen beginnen. Für die Spitze ab der 3. Reihe in jeder 2. Reihe 2 Maschen zunehmen, insgesamt 15mal. Die 1., 2. und 3. Zunahme jeweils vor und nach der Mittelmasche vornehmen. Dann die weiteren Zunahmen nach und vor den 5 krausen Randmaschen herausstricken, dabei vergrößert sich die Maschenzahl im Innengestrick jeweils um 2 Maschen. Das Muster nun nach Strickschrift einarbeiten. 160 cm im Muster gerade hochstricken, dann die Spitze; dafür in jeder 2. Reihe 2 Maschen wieder nach beziehungsweise vor den krausen Randmaschen abnehmen, insgesamt 15mal. Die restlichen 5 Maschen gerade abketten. Für die Spitze je einen Pompon fertigen und annähen.

Ausführung Mütze

In Runden mit krausem Maschenbild arbeiten, dafür 84 Maschen anschlagen und 6 cm gerade hochstricken. Nun fortlaufend die 13. und 14. Masche zusammenstricken = 6 Maschen Abnahme in einer Runde.

Schal mit Mütze

STRICKSCHRIFT

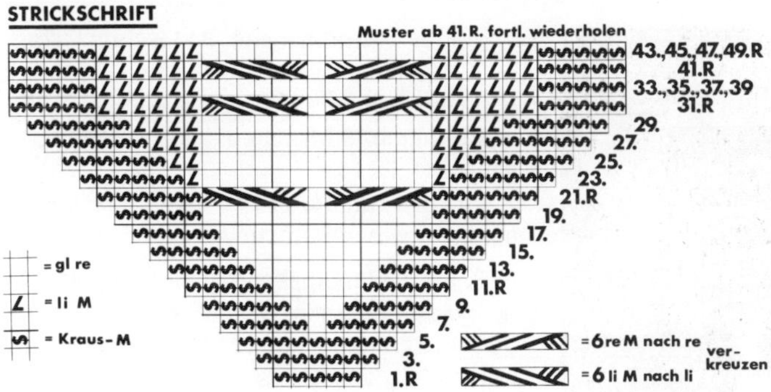

Rück-R.: M abstr. wie sie erscheinen, nur beids. die 5 Rand-M durchgehend kraus stricken.

Diese Abnahme noch 16mal in jeder 4. Runde übereinander ausführen, dabei verringert sich die Maschenzahl zwischen den Abnahmen jeweils um 1 Masche. Noch 10 Runden gerade hocharbeiten, dann die restlichen 42 Maschen mit einem Faden zusammenziehen und vernähen.

Für den Rand 10 Maschen anschlagen und in folgender Einteilung arbeiten: 2 Maschen glatt links, 6 Maschen Zopfmuster, diese Zopfmaschen in jeder 8. Reihe nach links verkreuzen, 2 Maschen glatt links. Den Rand ca. 50 cm gerade hocharbeiten, zusammennähen und mit überwendlichen Stichen aufnähen.

Krikodol

Material

Esslinger-Wolle »Gerlinda«, 100 g grün, Reste in Weiß, Dunkelblau und Rot; Nadelspiel Nr. 4, Häkelnadel Nr. 4.

Muster

Rippen aus 2 Maschen rechts und 2 Maschen links im Wechsel; glatt rechts; Zopfmuster aus 4 rechten Maschen, die jeweils nach 4 Reihen verkreuzt werden; Picots: + 3 Luftmaschen, 1 feste Masche in die erste Luftmasche, 1 Kettmasche +; von + bis + wiederholen.

Ausführung

48 Maschen anschlagen und auf das Nadelspiel verteilen. 6 cm hoch im Rippenmuster arbeiten. Anschließend 4 cm glatt rechts stricken. Jetzt rechts und links auf die 1. Nadel je 2 Maschen der Nachbarnadel geben, so daß 16 Maschen auf der 1. Nadel sind. Über diesen Maschen wird bis zum Schluß der Arbeit das Zopfmuster gestrickt; 1. Reihe: 2 links, 4 rechts, 2 links, 2 rechts, 2 links, 4 rechts, 2 links. 10 cm im Muster stricken, dann die Arbeit teilen. Zum Zopfmuster auf jeder Seite 4 Maschen zugeben, die restlichen 24 Maschen ruhen lassen.

Krikodol

Jetzt 12 Maschen neu anschlagen, zu den Zopfmustermaschen geben und alle auf ein Nadelspiel verteilen. 8 cm in Runden weiterstricken und dann rasch zu einer stumpfen Spitze abnehmen.
Für das Maulunterteil12 Maschen neu anschlagen und zusammen mit den ruhenden Maschen auf ein Nadelspiel verteilen. 8 cm in Runden arbeiten und dann wie beim Oberteil abnehmen.

Fertigstellung
2 Pompons von 8 cm Durchmesser herstellen. Dabei zunächst eine Stelle dick mit dunkelblauer Wolle umwickeln, darüber dann eine Schicht mit weißer Wolle, den Rest in Grün wickeln. Die fertigen Pompons aufnähen. Für die Zähne Picots in Weiß häkeln und rings um die Maulränder befestigen. Für die Zunge eine 10 cm lange Luftmaschenkette mit 3 Reihen fester Maschen umhäkeln und einnähen.

Tasche mit Rautenmuster

Tasche mit Rautenmuster

Größe ca. 35 x 25 cm

Material
MEZ-Garn »Blaue Tulpe«, 4 Knäuel beige, 2 Knäuel braun; Stricknadeln Nr. 3, Hilfsnadel, Häkelnadel Nr. 2½.

Muster
Glatt links, Rautenmuster nach Strickschrift und Arbeitsanleitung, kraus rechts.

Ausführung
Für den Taschenbeutel in Beige 76 Maschen anschlagen und 35 cm hoch im Rautenmuster arbeiten:

STRICKSCHRIFT

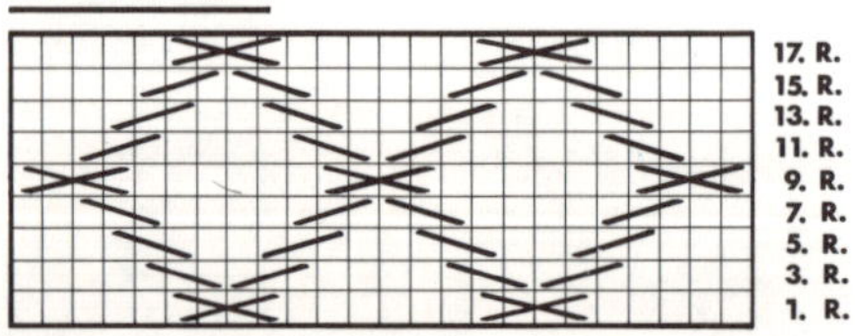

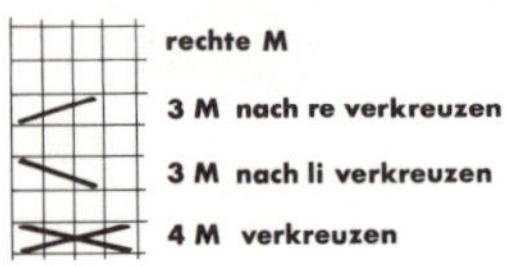

1. Reihe: 1 Randmasche, 3 Maschen links, + 3 Maschen links, 4 Maschen rechts, 3 Maschen links +, von + bis + fortlaufend wiederholen. 3 Maschen links, 1 Randmasche.
2. und alle weiteren Rückreihen: Maschen stricken, wie sie erscheinen.

3. Reihe: 1 Randmasche, 3 Maschen links, + 2 Maschen links, 3 Maschen nach links verkreuzen: die 2 rechten Maschen auf die Hilfsnadel nach vorne legen, die nächste Masche links stricken, die Maschen von der Hilfsnadel nehmen und rechts stricken; 3 Maschen nach rechts verkreuzen: die linke Masche auf die Hilfsnadel hinter die Arbeit legen, 2 Maschen rechts stricken, die Maschen von der Hilfsnadel links stricken, 2 Maschen links stricken +; von + bis + fortlaufend wiederholen. Die Reihe endet mit 2 Maschen links, 1 Randmasche.

5. Reihe: 1 Randmasche, 3 Maschen links, + 1 Masche links, 3 Maschen nach links verkreuzen, 2 Maschen links, 3 Maschen nach rechts verkreuzen, 1 Masche links +; von + bis + fortlaufend wiederholen. Die Reihe endet mit 3 Maschen links, 1 Randmasche.
7. Reihe: 1 Randmasche, 3 Maschen links, + 3 Maschen links verkreuzen, 4 Maschen links, 3 Maschen nach rechts verkreuzen +; von + bis + fortlaufend wiederholen. Die Reihe endet mit 3 Maschen links, 1 Randmasche.
9. Reihe: 1 Randmasche, 3 Maschen links, + 2 Maschen rechts, 6 Maschen links, 4 Maschen verkreuzen: 2 Maschen auf die Hilfsnadel nach hinten geben, die nächsten 2 Maschen rechts stricken, die Maschen von der Hilfsnadel stricken +; von + bis + fortlaufend wiederholen. Die Reihe endet mit 3 Maschen links, 1 Randmasche.

11. Reihe: 1 Randmasche, 3 Maschen links, + 3 Maschen nach rechts verkreuzen, 4 Maschen links, 3 Maschen nach links verkreuzen +; von + bis + fortlaufend wiederholen. Die Reihe endet mit 3 Maschen links, 1 Randmasche.
13. Reihe: Randmasche, 3 Maschen links, + 1 Masche links, 3 Maschen nach rechts verkreuzen, 2 Maschen links, 3 Maschen nach links verkreuzen, 1 Masche links + 3 Maschen links, Randmasche.
15. Reihe: Randmasche, 3 Maschen links + 2 Maschen links, 3 Maschen nach rechts verkreuzen, 3 Maschen nach links verkreuzen, 2 Maschen links + 3 Maschen links, Randmasche.
17. Reihe: Randmasche, 3 Maschen links + 3 Maschen links, 4 Maschen verkreuzen, 3 Maschen links + 3 Maschen links, Randmasche.
1.–18. Reihe fortlaufend wiederholen.

Den Taschenboden 8 cm glatt links anstrikken und weitere 35 cm im Rautenmuster arbeiten. Die Seitenteile sind ebenfalls beige, 8 x 35 cm groß und auch glatt links gestrickt.

Taschenklappe: Die braune Klappe wird kraus rechts gestrickt. Man beginnt in der Mitte mit 3 Maschen und arbeitet wie folgt:
1. Reihe: aus jeder Masche 3 Maschen herausstricken = 9 Maschen.
2. Reihe: rechte Maschen.
3. Reihe: aus jeder 2. Masche 3 Maschen herausstricken = 17 Maschen
4. Reihe: rechte Maschen.
5. Reihe: vor und nach jeder 3. Masche je 1 Masche zunehmen.
6. – 8. Reihe: rechte Maschen.
9. Reihe: vor und nach jeder 4. Masche 1 Masche zunehmen.
10. – 18. Reihe: rechte Maschen.
19. Reihe: 7 gleichmäßig verteilte Maschen markieren und davor und danach je 1 Masche zunehmen.
20.–22. Reihe: rechte Maschen.
23., 27 und 29. Reihe: über den Zunahmestellen in gleicher Weise zunehmen. Die Zwischenreihen und weitere 14 Reihen rechte Maschen. Die Maschen locker abketten.

Fertigstellung
Die fertigen Teile spannen, anfeuchten und trocknen lassen. Danach die Seitenteile mit festen Maschen einhäkeln, Taschenklappe annähen.
Für die Quaste ca. 100 Fäden 40 cm lang zuschneiden, 4 cm breit abbinden und annähen. Für den Henkel ca. 100 Fäden, 80 cm lang zuschneiden und jeweils im Abstand von 3 cm Breite abbinden und an der Tasche befestigen.

Kugelfisch

Material
Reste in Orange, Kornblumenblau und Türkis, Nadelspiel passend zu den Wollresten, Häkelnadel, Acrylwatte zum Ausstopfen.

Maschenprobe
Macht mit euren Wollresten eine Maschenprobe, danach wird errechnet, wieviele Maschen für einen Umfang von 50 cm anzuschlagen sind.

Ausführung

Körper: 80 Maschen anschlagen, auf vier Nadeln verteilen und zur Runde schließen. 12 cm in Orange glatt rechts stricken. Dann 3 Runden in Blau, in der 3. Runde vor jeder 4. Masche einen doppelten Umschlag stricken. 5 Runden in Türkis, dabei den blauen Umschlag über 2 Runden hochheben, das heißt jeweils die Masche in Blau mit dem Umschlag nicht türkis abstricken, sondern abheben. Solche Maschen nennt man Zug- oder Hebemaschen. In der 6. Runde 1 Masche orange und 3 Maschen türkis abwechselnd stricken. Dabei die Masche in Orange in die Mitte zwischen die Zugmasche in Blau stricken.

7. Runde: 3 Maschen orange, 1 Masche türkis mit Umschlag.

8. Runde: orange, die Masche mit dem türkisfarbenen Umschlag als Zugmasche hochheben.

9. und 10. Runde: orange.

Die Runden 1–10 noch 2mal wiederholen.

Anschließend 1 Runde blau, insgesamt ca. 7 cm. Danach noch 5 Runden orange und abketten.

Augen: In Blau 3 Luftmaschen zum Ring schließen und 6 feste Maschen häkeln. Nächste Runde in Türkis 12 feste Maschen und in der folgenden Runde 18 feste Maschen häkeln. Die letzte Runde in Blau 32 feste Maschen häkeln. Zweites Auge ebenso herstellen.

Rückenflosse: 3 Luftmaschen zur Runde schließen.

1. Reihe: 5 feste Maschen, 2. Reihe: 2 feste Maschen , 3 feste Maschen in die mittlere feste Masche der Vorreihe, 2 feste Maschen. Arbeit wenden. 3. Reihe und alle folgenden: feste Maschen bis zur mittleren festen Masche häkeln, in diese 3 feste Maschen arbeiten und weiter bis zum Rand jeweils 1 Masche, dadurch entsteht die Spitze.

Insgesamt 7 Reihen häkeln.

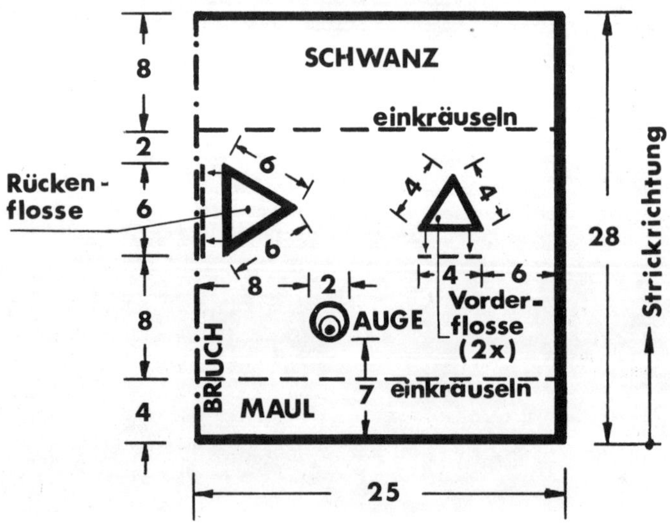

Vorderflosse: 5 Luftmaschen anschlagen. 5 Reihen mit festen Maschen häkeln und jeweils in der mittleren Masche der Vorreihe 3 feste Maschen, um die Spitze zu bilden. Zweite Flosse ebenso herstellen.

Fertigstellung

Für den Schwanz das abgekettete Ende so legen, daß die Randmaschen flach aufeinanderliegen. Dabei darauf achten, daß die Linie mit den Rundenwechseln im Bruch zu liegen kommt, dies ist dann die Unterseite des Fisches. Mit festen Maschen in Orange nun die aufeinanderliegenden Randmaschen zusammenhäkeln.

Als Abschluß Muscheln arbeiten: 3 Stäbchen in die 2. feste Masche vom Rand aus, dann 1 Picot (Picot = 3 Luftmaschen, 1 feste Masche in die 1. Luftmasche) und nochmals 3 Stäbchen in die 2. feste Masche, 1 Kettmasche in die 5. feste Masche, 3 Stäbchen in die 7. feste Masche, 1 Picot, 3 Stäbchen in die 7. Masche, 1 Kettmasche in die 9. feste Masche. Diese Muscheln bis zum Reihenende wiederholen. Den Endfaden vernähen.

Nun in das Schwanzteil bis zum blauen Streifen Watte einfüllen und mit blauem Faden über die ganze Weite einreihen, Faden festziehen, so daß die Schwanzflossenform entsteht.

Anschließend den Körper kugelförmig mit Watte ausstopfen. Etwa 4 cm vom Rand mit orangefarbenen Faden das Gestrick zusammenziehen, so daß sich die gerollten Lippen bilden. Die Rückenflossen auf der oberen Mitte, beim blauen Streifen beginnend, aufnähen. Die Vorderflossen auf dem gleichen Streifen unten rechts und links befestigen. Augen auf den orangefarbenen Grund nähen.

Stricken in Runden

Nadelspiel

Ein Nadelspiel ist nicht zum Spielen, sondern zum Stricken gedacht. Zu einem Nadelspiel gehören 5 gleichlange Stricknadeln, die an beiden Seiten angespitzt sind.

Rundstricken

Viele Sachen werden rund gestrickt. Man strickt dabei nicht hin und her, sondern mit dem Nadelspiel in Runden.
Zuerst werden auf 2 Stricknadeln alle erforderlichen Maschen angeschlagen. Dann zieht ihr eine der beiden Nadeln aus dem Anschlag und strickt das erste Viertel der Maschen ab. Danach wird die 3. Nadel genommen und mit ihr das nächste Viertel der Maschen gestrickt, usw., bis alle Maschen gleichmäßig auf 4 Nadeln verteilt sind.
Übrigens: Wenn das Muster am Anfang ein Rippenmuster, zum Beispiel 2 Maschen rechts und 2 Maschen links sein soll, dann wird bereits die 1. Reihe im Rippenmuster gestrickt.
Zur Runde schließen kann man nun die Maschen auf den 4 Nadeln, indem man ohne Übergang die 1. Masche der 1. Stricknadel abstrickt.
Tip: An dieser Übergangsstelle zwischen zwei Stricknadeln entstehen gern unschöne Lücken. Um diese zu vermeiden,

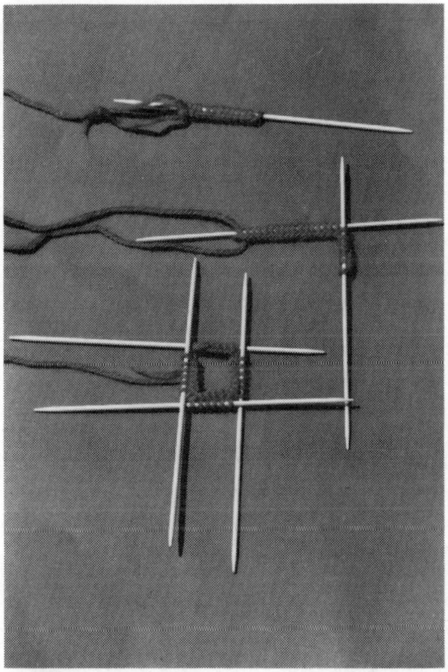

Rundstricken

müßt ihr den Übergang möglichst stramm stricken.
Eine andere Möglichkeit ist die: immer die 1. Masche der nächsten Nadel noch auf die gerade abgestrickte mitstricken. So verschiebt sich der Übergang von Runde zu Runde, und die lockeren Übergänge fallen kaum noch auf.

Rundnadeln

Mit der Rundnadel könnt ihr ganz ohne Übergänge stricken. Allerdings müssen diese verhältnismäßig großen Nadeln immer mit Maschen ganz ausgefüllt sein. Das geht also nicht bei Strümpfen oder kleineren Sachen.

Muster beim Rundstricken

Die Muster werden immer so gestrickt, wie sie erscheinen. Es gibt ja keine »linke« Seite. So wird glatt rechts Gestricktes immer nur rechts gestrickt. Soll ein krauses Maschenbild entstehen, dann muß abwechselnd eine Runde rechts und eine Runde links gestrickt werden, während bei einer offenen Arbeit ja nur rechts gestrickt wird, um diesen Effekt zu erzielen.

Strümpfe

Zunächst macht ihr eine Maschenprobe und rechnet danach aus, wie viele Maschen ihr für die Wade oder bei Söckchen für den Knöchel anschlagen müßt. Für die Wade mißt man den Umfang des Beins direkt unterhalb des Knies.
Ein Beispiel: Ihr habt 30 cm Umfang gemessen. Die Maschenprobe ergibt 26 Ma-

Ferse stricken

schen auf 10 cm. Also müßt ihr 3 x 26 = 78 Maschen anschlagen. Da die Maschenzahl durch 4 teilbar sein sollte, schlagt ihr nur 76 Maschen an; der Strumpf soll ja eher fest als zu locker sitzen.

Die *Wade* beginnt ihr nun zunächst in Runden, vielleicht mit einem gerippten Rand oder einem Mäusezähnchensaum. Dann strickt ihr im gewünschten Muster bis zur dicksten Stelle der Wade. Von hier aus muß abgenommen werden, und zwar ein Viertel aller Maschen – das sind in unserem Beispiel 19 Maschen innerhalb von 10 cm. Dies geschieht immer am Anfang der 1. Nadel und am Schluß der 4. Nadel. Ist die Wadenabnahme fertig, strickt ihr noch so viele Runden, bis der Strumpf die obere Kante der Ferse erreicht.

Die *Ferse* ist fast ein Kapitel für sich. Aber gar nicht so schwer zu stricken, wenn man weiß, wie es geht: Die Hälfte aller Maschen – Nadel 2 und 3 – wird stillgelegt. Über den anderen Maschen strickt ihr in rechten Hin- und linken Herreihen, und zwar so viele Reihen, wie Maschen auf der Nadel sind. Schon ist die Fersenwand fertig.
Jetzt wird das *Käppchen* gestrickt. Dazu teilt ihr die Maschen der Fersenwand in drei Gruppen. Dann werden rechts und links des mittleren Drittels die Maschen gleichmäßig abgenommen. Die mittlere Maschenzahl bleibt erhalten.

Käppchen stricken

Strumpfspitze stricken

Nun verteilt ihr die mittleren Maschen auf 2 Nadeln und nehmt zusätzlich die Randmaschen aus dem Käppchen an beiden Seiten auf die Nadeln. Jetzt kann wieder in Runden gestrickt werden, dabei müßt ihr die Randmaschen des Käppchens verdreht abstricken, damit hier keine Löcher entstehen. Noch habt ihr aber nicht die gleiche Maschenzahl, die vor dem Käppchen auf den Nadeln war. Deshalb nehmt ihr nun rechts und links der Fersenwand in jeder 2. Runde 1 Masche ab, bis die urprüngliche Maschenzahl wieder erreicht ist. So entsteht ein Zwickel.
Jetzt strickt ihr die Fußlänge in Runden bis etwa zum kleinen Zeh.

Die *Strumpfspitze* beginnt hier mit gleichmäßigen Abnahmen. Für eine sogenannte Bandspitze wird am Ende der 1. Nadel und am Anfang der 2. Nadel abgenommen. Bei der 1. Nadel die viert- und drittletzte Masche rechts zusammenstricken. Die beiden letzten Maschen rechts zusammenstricken. Die beiden letzten Maschen der 1. Nadel sowie die beiden ersten Maschen der 2. Nadel normal rechts stricken; dann die Maschen 3 und 4 auf der 2. Nadel zusammenstricken. Zwischen der 3. und 4. Nadel wiederholt sich dieser Vorgang.
Jetzt in jeder 3. oder 4. Runde, wie beschrieben, jeweils 4 Maschen abnehmen, bis nur noch die Bandmaschen auf den Nadeln sind. Diese Maschen zusammennähen.
Ohne Band wird zu Beginn jeder Nadel, ebenfalls in jeder 3. oder 4. Runde, abgenommen. Die Abnahmen sind so unauffälliger als bei der Bandabnahme. Welche Art ihr wählt, ist Geschmacksache.

Handschuhe

Fausthandschuhe sind recht einfach zu handarbeiten. Zunächst strickt ihr, nachdem ihr, wie beim Strumpf beschrieben, anhand der Maschenprobe die erforderliche Maschenzahl ausgerechnet habt, ein Bündchen im Rippenmuster.
Danach geht es glatt rechts weiter bis zum Daumenansatz. Hier legt ihr entsprechend der Daumenbreite Maschen auf einer Sicherheitsnadel still. Die gleiche Anzahl

Fausthandschuh stricken

Fingerhandschuh stricken

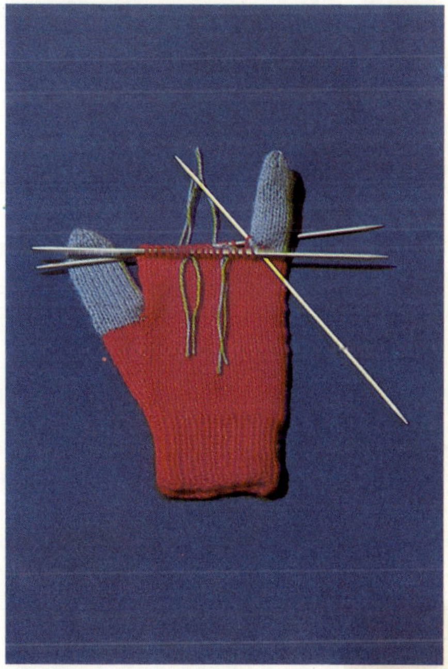

Maschen werden in der nächsten Runde neu angeschlagen. Nun strickt ihr in Runden etwas höher als die Spitze des kleinen Fingers. Dann nehmt ihr wie beim Strumpf ab. Für den Daumen werden jetzt die stillgelegten Maschen und Maschen aus den neu angeschlagenen Maschen auf 3 Nadeln gegeben. Nun die Daumenlänge stricken. Dann wird in jeder 2. Runde rasch abgenommen, die letzten 4 Maschen werden vernäht.
Soll der Handschuh noch exakter der Handform angepaßt sein, wird nach dem Bündchen für den Däumling ein Zwickel gestrickt. Hierzu markiert ihr euch eine Masche und nehmt vor und nach dieser Zentralmasche je 1 Masche zu. In jeder 2. Runde werden die Zunahmen immer von der ersten und hinter der 2. zuletzt zugenommenen Masche durchgeführt. Ist die erforderliche Zwickelhöhe erreicht, werden die Maschen wieder stillgelegt, der Handschuh fertiggestellt und danach der Däumling wie gewohnt beendet.

Fingerhandschuhe sind etwas schwieriger zu stricken. Zunächst ist die Strickweise gleich wie beim Fäustling. In Höhe der Fingeransätze werden dann die Maschen entsprechend der jeweiligen Weite verteilt und jeder Fingerling auf drei Nadeln fertiggestellt.

Tip: Wenn ihr innerhalb einer rundgestrickten Arbeit einen neuen Faden beginnen müßt, macht ihr das so: teilt das Fadenende und den Fadenanfang vom neuen Knäuel auf. Verbindet nun je eine Fadenhälfte vom Ende mit einer Fadenhälfte vom Anfang und strickt mit diesem neuen Faden weiter. Die heraushängenden Fadenreste werden später abgeschnitten.

Fausthandschuhe

Material
Schachenmayr-Wolle »Nomotta Bravo«, 100 g orange, 50 g dunkelblau, Nadelspiel Nr. 4.

Muster
Kraus rechts und im Grundmuster glatt rechts = jede Runde rechts stricken.

Maschenprobe
18 Maschen = 10 cm breit, 26 Runden = 10 cm hoch.

Ausführung
32 Maschen anschlagen. In Blau die 1.–4. Runde kraus rechts stricken.
5.–7. Runde: in Orange glatt rechts.
8. Runde: in Blau + 3 Maschen rechts, 1 Masche abheben, dabei liegt der Faden hinter der Masche +; von + bis + fortlaufend wiederholen.
9. Runde: wie die 8. Runde stricken und die orangefarbene Masche noch einmal abheben.

Fausthandschuhe und Fingerhandschuhe

10. Runde: alle Maschen, auch die abgehobenen, in Blau rechts stricken.
11. Runde: In Orange + 1 Masche rechts, 1 Masche abheben, dabei liegt der Faden hinter der Masche; + 3 Maschen rechts, 1 Masche abheben +; von + bis + fortlaufend wiederholen. Die Runde endet mit 1 abgehobenen Masche und 2 rechten Maschen.
12. Runde: wie die 11. Runde stricken und die blaue Masche noch einmal abheben.
13. Runde: alle Maschen, auch die abgehobenen, in Orange rechts stricken.
In diesem Muster und in der gleichen Farbfolge noch weitere 12 Runden stricken.
Dann 7 Runden orange. Am Anfang der nächsten Nadel für den Daumen 8 Maschen auf eine Sicherheitsnadel geben. In der darauffolgenden Runde über diesen Maschen die gleiche Anzahl neu anschlagen und 23 Runden stricken.
24. Runde: für die Spitze 5 Maschen rechts, 2 Maschen zusammenstricken, 2 Maschen rechts, 2 Maschen zusammenstricken, 10 Maschen rechts, 2 Maschen zusammenstricken, 2 Maschen rechts, 2 Maschen zusammenstricken, 5 Maschen rechts.
25. Runde: 4 Maschen rechts, 2 Maschen zusammenstricken, 2 Maschen rechts, 2 Maschen zusammenstricken, 8 Maschen rechts, 2 Maschen zusammenstricken, 2 Maschen rechts, 2 Maschen zusammenstricken, 4 Maschen rechts.
Diese Minderung noch über 4 Runden fortsetzen. Die restlichen 8 Maschen mit einem Faden zusammenziehen und nach innen vernähen.
Für den Daumen die 8 Maschen von der Sicherheitsnadel in Arbeit nehmen und dazu 8 Maschen aus den Randmaschen aufnehmen. Über diesen 16 Maschen 12 Runden stricken. Dann 4 Maschen rechts, 2 Maschen zusammenstricken, 4 Maschen rechts, 2 Maschen zusammenstricken, 4 Maschen rechts. In dieser Art abnehmen. Die 4 restlichen Maschen mit einem Faden zusammenziehen.
Den zweiten Handschuh ebenso arbeiten, aber darauf achten, daß der Däumling auf die gegenüberliegende Seite kommt, das heißt, die letzten 8 Maschen der 2. Nadel stillegen.

Fingerhandschuhe

Material
Wollservice »Sport 4-fach«, je 50 g dunkelgrün und rot; Nadelspiel Nr. 3½.

Muster
Glatt rechts; Rippen aus 2 Maschen rechts und 2 Maschen links im Wechsel.

Ausführung
In Rot 48 Maschen anschlagen und auf 4 Nadeln verteilen, zur Runde schließen und im Rippenmuster 7 cm Bündchen stricken, dann in Grün glatt rechts arbeiten. Für den Daumenzwickel vor der letzten Masche der Innenhand und nach der ersten Masche des Handrückens je 1 Masche zunehmen. Dies in jeder 4. Runde wiederholen, insgesamt 4mal, und zwar stets vor und nach der letzten Zunahme.
Nach 6 cm die 10 Zwickelmaschen auf eine Sicherheitsnadel geben und dafür 2 Maschen neu anschlagen. Jetzt noch ungefähr 3 cm in Runden weiter arbeiten, dann die Finger einteilen.
Die letzten 6 Maschen des Handrückens und die ersten 6 Maschen der Innenhand

durch einen Steg von 2 neu angeschlagenen Maschen verbinden. Diese 14 Maschen auf drei Nadeln verteilt zur Runde schließen und rechts 4 cm hochstricken. Dann in Rot weiterarbeiten. Für die Spitze ab der 3. Runde stets die 2 letzten Maschen jeder Nadel zusammenstricken, bis nur noch 6 Maschen in der Runde vorhanden sind, diese mit dem Arbeitsfaden zusammenziehen und vernähen.

Ringfinger: Die folgenden je 6 Maschen beider Handschuhhälften aufnehmen, am vorhergehenden Steg 2 Maschen auffassen, für den nächsten Steg 2 Maschen neu anschlagen. Über diesen insgesamt 16 Maschen auf 3 Nadeln weiterarbeiten. Nach 6 cm die Spitze in Rot ausführen, dabei wie beim kleinen Finger, jedoch nach 4 Runden mit der Abnahme beginnen.

Mittelfinger: Die nächsten je 6 Maschen beider Handschuhhälften aufnehmen, am vorherigen Steg 2 Maschen auffassen, für den anderen Steg 3 Maschen neu anschlagen. Über diesen 17 Maschen in Runden mit 3 Nadeln stricken. Nach 6 cm die Spitze wie beim Mittelfinger ausführen.

Zeigefinger: Die restlichen Maschen aufnehmen und aus dem letzten Steg 3 Maschen auffassen. In Runden wie die übrigen Finger fertigstellen.

Daumen: Die stillgelegten Daumenmaschen auf die Arbeitsnadeln nehmen, außerdem aus den 2 neu angeschlagenen Maschen 4 Maschen herausstricken. 4 cm in Runden mit 3 Nadeln arbeiten, danach die Daumenspitze in Rot wie die anderen Finger fertigstellen.
Mit einem gelben Wollrest auf dem Ringfinger einen »Schmuckring« in Platt- oder Kettenstich aufsticken.

Sportsocken

für Schuhgröße 40

Material
Schachenmayr-Wolle »Nomotta Smoky«, 100 g weiß, je 25 g dunkelblau und rot; Nadelspiel Nr. 3½.

Muster
Im Bund 2 Maschen rechts und 2 Maschen links im Wechsel; die Fußlänge glatt rechts.

Ausführung
52 Maschen in Weiß auf 2 Nadeln des Spiels anschlagen. Maschen auf die Nadeln verteilen und zur Runde schließen. 4 cm im Bundmuster stricken, dann Farbwechsel; 2 cm in Dunkelblau, 2 cm in Weiß, 2 cm in Rot. Noch etwa 8 cm in Weiß weiterstricken.
Für die Ferse die Maschen so verteilen, daß sich auf der 1. Nadel und der 4. Nadel je 12 Maschen = 24 Maschen befinden. Über diesen 24 Maschen 24 Reihen glatt rechts in Dunkelblau stricken, dabei die ersten und letzten 2 Maschen in jeder Reihe rechts stricken. Für das Käppchen die Maschen zu je 8 auf Nadeln verteilen und die ersten 2 Nadeln abstricken. + die letzte Masche des 2. Drittels mit der 1. Masche des 3. Drittels überzogen zusammenstricken, wenden; die 1. Masche wie zum Linksstricken abheben. Nachdem die Maschen des mittleren Drittels bis auf die letzte Masche links abgestrickt sind, diese und die letzte Masche des 1. Drittels zusammenstricken, wenden; die 1. Masche abheben, die Maschen des mittleren Drittels rechts abstricken bis auf die letzte Masche und ab + solange wiederholen, bis an beiden Seiten alle Maschen aufgebraucht sind. Im Anschluß an die letzte Abnahme in der Rückreihe folgt eine Hinreihe, jedoch nur bis zur Mitte des Käppchens. Hier liegt der neue Rundenbeginn. Nun in Weiß glatt rechts weiterstricken, dafür aus den Randmaschen der Fersenwand je 14 Maschen aufnehmen, die Runde zählt 64 Maschen. Nach der 1. Runde die Zwickelabnahme beginnen.
Die letzte Masche der 1. Nadel und die 1. Masche der 2. Nadel rechts zusammenstricken, die letzte Masche der 3. Nadel und die 1. Masche der 4. Nadel überzogen zusammenstricken. Dies noch 5mal in jeder 3. Runde wiederholen = 52 Maschen. Für die Spitze nach weiteren 32 Runden in Rot weiterarbeiten. In der folgenden Runde jeweils die 4. und 5. Masche der 1. Nadel überzogen zusammenstricken, die 3. und 4. Masche der 2. Nadel zusammenstricken, die 4. und 5. Masche der 3. Nadel überzogen zusammenstricken und die 3. und 4. Masche der 4. Nadel zusammenstricken. Diese Abnahme solange in jeder folgenden Runde wiederholen, bis nur noch die Bandmaschen übrig sind. Diese durch Maschenstiche miteinander verbinden. Den anderen Socken gleich stricken.

Sportsocken

Damen-Tennissocken

für Schuhgröße 38/39

Material
Junghans-Wolle »Baby-Superwash«, 100 g weiß; Junghans-Wolle »Orlon-Baby«, 50 g orange; Strick- und Häkelnadel Nr. 3 – 4.

Muster
Glatt rechts.

Maschenprobe
22 Maschen x 26 Reihen = 10 cm².

Ausführung
53 Maschen anschlagen und in Weiß glatt rechts stricken. Nach 12 cm = 32 Reihen zu beiden Seiten in jeder 6. Reihe 1 Masche abnehmen, insgesamt 4mal, dafür stets die 2. und 3. Randmasche zusammenstricken. Nun für die Spitze noch 5 cm = 12 Reihen arbeiten, dabei die Abnahmen wie folgt arbeiten: die 3. und 4. Masche, die 10. und 11. Masche, die 17. und 18. Masche, die 28. und 29. Masche, die 35. und 36. Masche, die 42. und 43. Masche. Diese Abnahmen noch 4mal in jeder 2. Reihe übereinander ausführen. Die restlichen 15 Maschen abketten. Das Gestrick auf die Hälfte legen und die Anschlagmaschen (rückwärtige Fersenmitte) überwendlich zusammennähen, die abgeschrägten Kanten im Matratzenstich und die abgeketteten Maschen wieder mit überwendlichen Stichen. Diese zur Spitze zusammenziehen. Den offenen Rand in Orange wie folgt umhäkeln: ca. 1,5 cm tief einstechen und in einer Einstichstelle je 3 Stäbchen arbeiten.

Ferse: In Orange 17 Maschen anschlagen und 38 Reihen glatt rechts stricken.

Spitze: In Orange 3 Maschen anschlagen und in jeder 2. Reihe an beiden Seiten je 1 Masche zunehmen, bis 17 Maschen auf der Nadel sind. Jetzt 6 Reihen gerade hochstricken. Dann genauso wieder abnehmen. Die restlichen 3 Maschen abketten.

Damen-Tennissocken

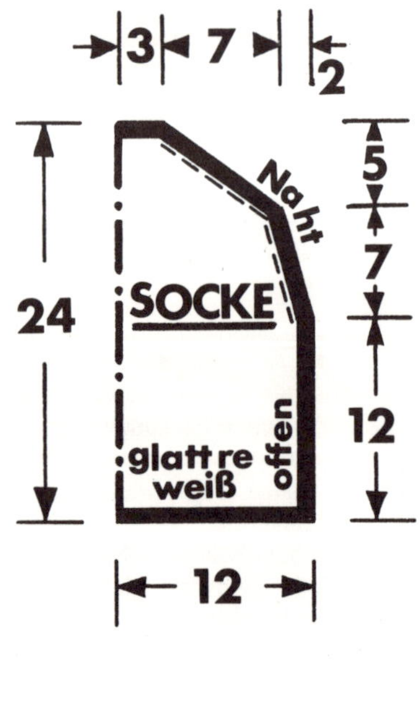

Fertigstellung
Fersen- und Spitzenteile dem Foto entsprechend aufnähen. 2 orangefarbene Pompons arbeiten und an den Fersen annähen. So können die Socken nicht in den Schuhen rutschen.
Tip: Da diese aufgesetzten Käppchen und Spitzen schnell zu Blasenbildungen an den Füßen führen, kann man die Socken auch normal wie beim Strumpf, jedoch ohne Bündchen stricken.

Söckchen

für Schuhgröße 38

Material
Schürer-Strick- und Häkelgarn »JSA« Seidenglanz, 2 Knäuel apfelgrün; Nadelspiel Nr. 2½.

Muster
Mausezähnchen als Rand, Lochmuster nach Arbeitsanleitung, glatt rechts.

Ausführung
Für jedes Söckchen 48 Maschen anschlagen. 3 Runden glatt rechts, dann 1 Reihe Mausezähnchen: + 1 Umschlag, 2 Maschen rechts zusammenstricken +; von + bis + fortlaufend wiederholen. In der nächsten Runde alle Maschen rechts, auch die Umschläge rechts offen abstricken. Nach 2 Runden rechts.
Das Bündchen in gewünschter Länge im Lochmuster arbeiten:
1. Runde: + 5 Maschen rechts, 1 Umschlag, 1 Masche abheben, 2 Maschen rechts zusammenstricken und die abgehobene Masche überziehen, 1 Umschlag +; von + bis + fortlaufend wiederholen.
2. Runde: rechts, wobei die Umschläge immer offen abgestrickt werden, so daß an diesen Stellen Löcher entstehen.
3. Runde: + 1 Umschlag, 1 Masche abheben, 1 Masche rechts und die abgehobene Masche überziehen, 1 Masche rechts, 2 Maschen rechts zusammenstricken, 1 Umschlag, 3 Maschen rechts +; von + bis + fortlaufend wiederholen.
4. Runde: rechts.
5. Runde: 1 Masche rechts, + 1 Umschlag, 1 Masche abheben, 2 Maschen rechts zusammenstricken und die abgehobene Masche überziehen, 1 Umschlag, 5 Maschen rechts +; von + bis + fortlaufend wiederholen.

STRICKSCHRIFT

Söckchen

6. Runde: rechts.
7. Runde: + 1 Umschlag, 3 Maschen rechts, 1 Umschlag, 1 Masche abheben, 1 Masche rechts und die abgehobene Masche überziehen, 1 Masche rechts, 2 Maschen rechts zusammenstricken +; von + bis + fortlaufend wiederholen.
1.–7. Runde fortlaufend wiederholen.
Ferse und Sohle glatt rechts arbeiten, das Lochmuster über 2 Nadelbreiten bis zu Beginn der Spitze weiterstricken. Den Strumpf glatt rechts und mit den entsprechenden Abnahmen beenden.

Ringelstutzen

Material
Gebrasa-Wolle »Ouvertüre«, je 50 g weiß, gelb, grün, rot und 100 g blau; Nadelspiel Nr. 3½.

Muster
Bündchenmuster 1 Masche rechts und 1 Masche links im Wechsel, glatt rechts in Runden stricken und mit bunten Fäden besticken.

Maschenprobe
24 Maschen = 10 cm breit, 36 Runden = 10 cm hoch.

Ausführung
64 Maschen anschlagen und auf das Nadelspiel gleichmäßig verteilen. Für 8 cm Bündchen 1 Masche rechts und 1 Masche links im Wechsel stricken. Nach 10 Runden ab dem Bündchen die 2. Masche der 1. Nadel und die vorletzte Masche der 4. Nadel verdoppeln. Diese Zunahmen nochmal in jeder 8. Runde wiederholen. Oberes Bündchen 13 cm lang arbeiten.

Gestrickt wird in dieser Farbfolge:
Anschlag, Bündchen und 10 Runden in Blau, dann 10 Runden weiß, 3 Runden rot, 6 Runden blau, 12 Runden grün, 6 Runden blau, 4 Runden gelb, 9 Runden weiß, 16 Runden blau, 11 Runden rot, 6 Runden blau, 9 Runden grün, 6 Runden weiß, 21 Runden blau, 9 Runden gelb, 9 Runden blau, 10 Runden rot, 6 Runden weiß, 6 Runden blau, 6 Runden grün, 10 Runden und 13 cm Bündchen in Blau.
Die Stutzen nun mit bunten Fäden besticken.

Zipfelmütze

Material
Patons-Wolle »Double Knitting«, je 100 g rot, weiß und dunkelblau; Nadelspiel Nr. 4.

Muster
Kraus rechts und beliebige Strickmuster aus rechten und linken Maschen.

Maschenprobe
20 Maschen = 10 cm breit, 30 Runden = 10 cm hoch.

Ausführung
Mit dem Nadelspiel in Rot 76 Maschen (19 Maschen pro Nadel) anschlagen und im Krausmuster 40 Runden stricken. Nun in anderen Mustern und den anderen Farben beliebig weiterarbeiten, dabei in der 42. Runde gleichmäßig verteilt 6 Maschen abnehmen = 70 Maschen. In der 51. Runde nochmals 6 Maschen abnehmen = 64 Maschen. 13 Runden stricken und in der 64. Runde gleichmäßig verteilt 10 Maschen abnehmen = 54 Maschen. Ca. 63 Runden ohne Abnahme stricken. In der 127. Runde 8 Maschen abnehmen = 46 Maschen. 16 Runden gerade hochstricken, in der 143. Runde 8 Maschen abnehmen = 38 Maschen. Weitere 144 Runden ohne Abnahme stricken. Dann in der 287. Runde 8 Maschen abnehmen = 30 Maschen. 4 Runden ohne Abnahme, dann 4 Maschen abnehmen = 26 Maschen, 7 Runden stricken und nochmals 4 Maschen abnehmen = 22 Maschen. Noch einige Runden stricken, dann mit einem Faden die Maschen zusammenziehen.
Aus allen Farben einen Pompon anfertigen und festnähen.

Ringelstutzen und Zipfelmütze

Bunt geringelt habt ihr nun schon einige Sachen gestrickt. Jetzt geht es darum, die Farbe innerhalb einer Reihe zu wechseln.

Pünktchen

Pünktchen oder kleine Maschenkreuze in einem einfarbigen Grund sehen manchmal recht hübsch aus. Dazu strickt ihr in der Grundfarbe bis zu der Stelle, an der der Punkt sein soll. Hier wechselt ihr die Garnfarbe und arbeitet mit ihr eine oder zwei Maschen, dann geht's in der Grundfarbe weiter, bis das nächste Schmuckmotiv folgt.

Dabei läuft der Faden, der gerade nicht verstrickt wird, locker auf der Rückseite der Arbeit mit. Er soll nicht zu locker und nicht zu stramm sein. Darauf müßt ihr achten, wenn ihr die nächsten Maschen mit der anderen Farbe wieder weiter strickt.

Ist der Faden auf der Rückseite zu stramm, dann wellt sich das Gestrickte. Ist er zu locker, bilden sich Löcher im Muster.

Punkte und Maschenkreuze

Farbflächen

Bei nebeneinanderstehenden Flächen in je einer anderen Farbe wird für jedes Feld ein separates Knäuel verwendet. Der Faden läuft dann nicht auf der Rückseite mit.
Hierbei ist es sehr wichtig, daß die Fäden der verschiedenen Farben, wenn sie aufeinandertreffen, miteinander verkreuzt werden, sonst bilden sich Schlitze im Gestrick.

Verschiedene Farbflächen in einem Gestrick

Verkreuzen der Fäden auf der Rückseite

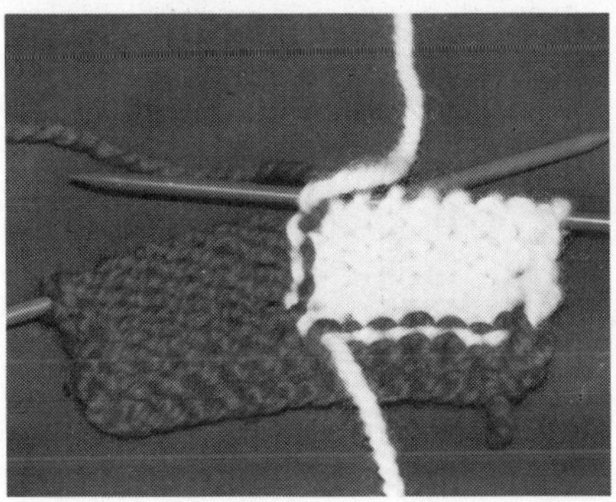

Fehlerhaftes Jacquardgestrick

Jacquardmuster

Jacquardmuster, zu denen auch die Norwegermuster gehören, strickt man nach Zählmustern. Das sind in Karopapier eingezeichnete Muster, bei denen jedes Karo eine Masche bedeutet und jedes Symbol für eine andere Farbe steht. So kann man nun Reihe für Reihe das Muster entsprechend der Vorlage nachstricken.
Bei den Reihen, die auf der linken Seite gestrickt werden, muß der gerade nicht benötigte Faden natürlich auch auf der linken Seite – in diesem Fall also vor der Arbeit mitgeführt werden. Sonst würden ja die Fäden das Muster auf der rechten Seite verdecken.

Jacquardmuster

Maschenstich

Schummeln könnt ihr natürlich auch, wenn euch so ein Jacquardmuster zu kompliziert ist. Dann stickt ihr das gewünschte Muster einfach im Maschenstich nach. Vorteil dieses Schummelns ist, daß auf der Rückseite keine Fäden herumhängen.
Der Maschenstich wird mit etwas dickerem Faden als dem, aus dem das Gestrick ist, ausgeführt. Dazu verfolgt ihr den Lauf der Masche mit der Sticknadel und überdeckt so den Grundfaden.

Maschenstich

Kettenstich

Mit dem Kettenstich kann man ebenfalls Muster in einen glatt gestrickten Untergrund einsticken. Das sieht auch sehr hübsch aus, aber man erkennt doch gleich, daß es nicht gestrickt ist.

Kettenstich

Tip: Wenn ihr häufig Jacquardmuster strikken wollt, dann solltet ihr euch einen Garnhalter anschaffen. Die Wollfäden werden durch die Ringe geführt, so daß sie sich beim Stricken nicht verwirren können.

Garnhalter

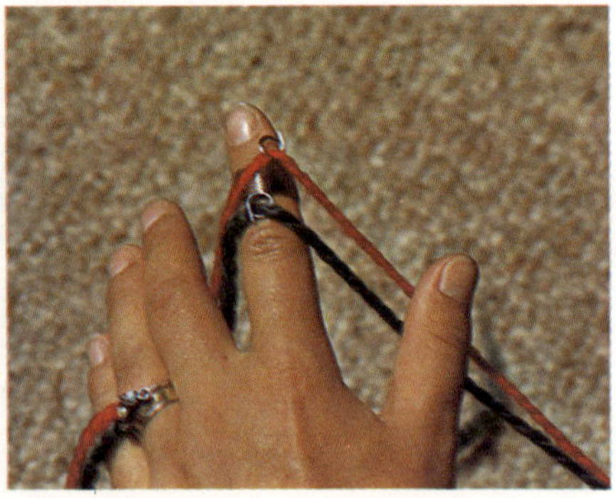

Quadratische Topflappen

Größe ca. 16 x 16 cm

Material
MEZ-Garn »Blaue Tulpe«, 1 Knäuel braun, 1 Knäuel orange; Stricknadeln Nr. 3, Häkelnadel Nr. 3½.

Muster
Glatt rechts mit Jacquardmuster nach Zählmuster.

Ausführung
Der Topflappen besteht aus 2 gestrickten Platten, die zusammengehäkelt werden. Es wird mit doppeltem Faden gearbeitet.

Zählmuster

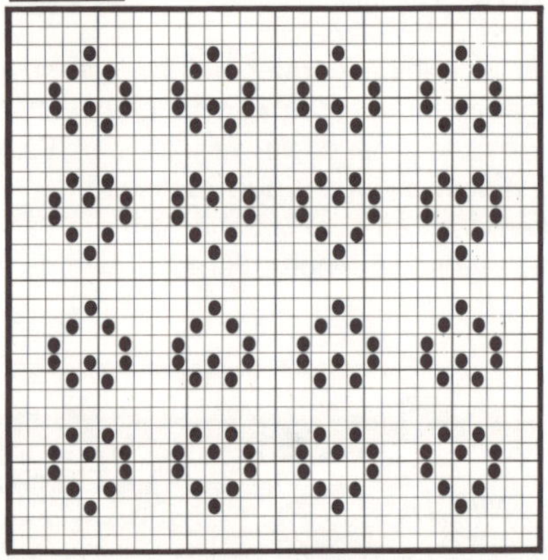

Quadratische Topflappen, Grillhandschuh, blumige Topflappen

Vordere Platte: 16 Maschen anschlagen und zweifarbig nach Zählmuster arbeiten. Jedes Kästchen bedeutet 1 Masche (Hinreihe rechts, Rückreihe links), leere Kästchen = braune, Kästchen mit Punkt = orangefarbene Maschen. Das Zählmuster zeigt die ganze Topflappenvorderseite.

Rückwärtige Platte: Sie wird einfarbig braun mit der gleichen Maschen- und Reihenanzahl gestrickt.

Fertigstellung
Die fertigen Platten links auf links legen und von der vorderen Platte aus mit festen Maschen zusammenhäkeln. An einer Ecke häkelt man einen Aufhänger aus 15 Luftmaschen.

Grillhandschuh

Material
MEZ-Garn »Blaue Tulpe«, 1 Knäuel dunkelblau, 1 Knäuel rot; Nadelspiel Nr. 3¹/₂.

Muster
Bündchenmuster 2 Maschen rechts und zwei Maschen links im Wechsel, glatt rechts mit Jacquardmuster nach Zählmuster.

Ausführung
Es wird mit doppeltem Faden gearbeitet. Man beginnt mit 48 Maschen und strickt zuerst 6 Runden abwechselnd 2 Maschen rechts und 2 Maschen links, dann 1 Runde glatt rechts. Jetzt beginnt man mit dem Muster. Es wird nach dem Zählmuster zweifarbig gestrickt. Jedes Kästchen bedeutet 1 rechte Masche; leere Kästchen = blaue Maschen, Kästchen mit Punkt = rote Maschen. Nach 10 cm Höhe beginnt man mit

Zählmuster

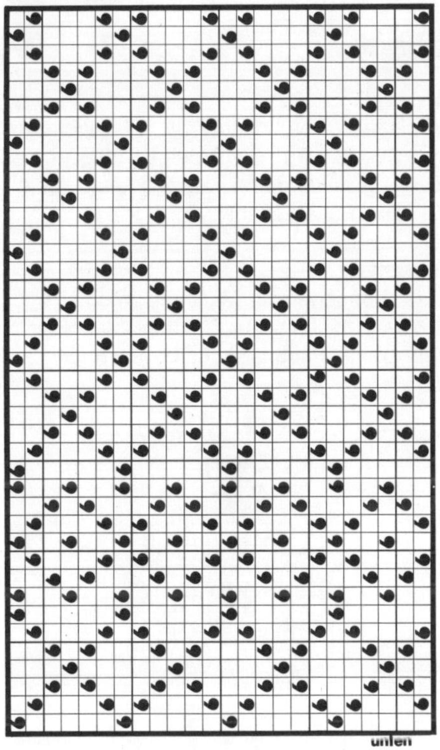

dem Zwickel für den Daumen, den ihr ja jetzt schon stricken könnt. Der Daumen wird einfarbig blau. Nach dem Musterende arbeitet ihr den Grillhandschuh wie folgt in Blau weiter: In den nächsten 4 Runden die beiden ersten Maschen der 1. und. 3. Nadel rechts verschränkt und die 2 letzten Maschen der 2. und 4. Nadel zusammenstricken. In den folgenden Runden je 2 Maschen zusammenstricken und die restlichen Maschen zusammenziehen.
Man kann den Grillhandschuh auch mit einem dünnen Stoff füttern, um ein Hängenbleiben in den Fäden zu vermeiden.

Blumige Topflappen

Material
MEZ-Garn »Blaue Tulpe«, 2 Knäuel orange; MEZ-Garn »Schulmädchen«, je 1 Knäuel grün, rot, gelb; Stricknadeln Nr. 3¹/₂; 40 x 70 cm dicker Frotteestoff.

Muster
Glatt rechts mit Jacquardmuster nach Zählmuster.

Ausführung
Es wird mit doppeltem Faden gestrickt. Die Teile am unteren Rand in Orange mit 30 Maschen beginnen und 7 Reihen abwechselnd 2 Maschen rechts und 2 Maschen links arbeiten. Dann weiter glatt

Zählmuster

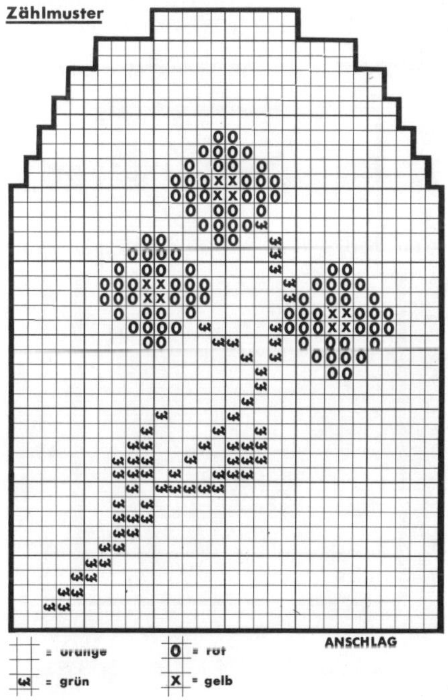

rechts nach Zählmuster stricken. Jedes Kästchen bedeutet 1 Masche (in der Hinreihe rechts, in der Rückreihe links), jedes Zeichen eine Farbe (siehe Zeichenerklärung). Den oberen Rand für die Rundung wie im Zählmuster angegeben arbeiten. Das Muster muß im zweiten Teil gegengleich eingestrickt werden.

Fertigstellung
Den Stoff auf 20 cm Breite legen, Naht schließen, die fertigen Strickteile mit der rechten Seite nach innen auflegen, an den gebogten Außenkanten aufsteppen und verstürzen.

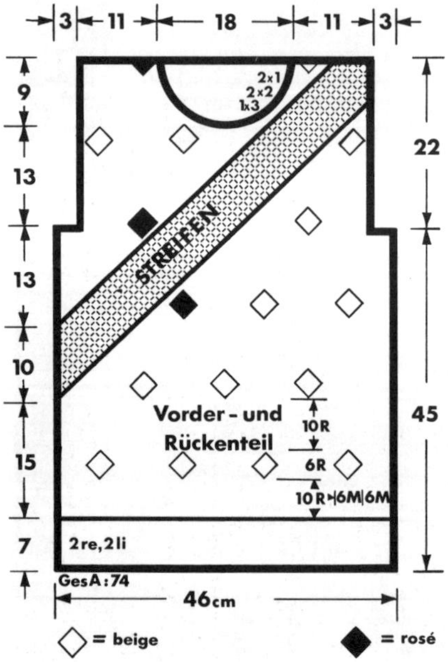

Kuschelpullover mit Mütze

Größe 38

Material
Wollservice »Nuvoletta«, ca. 550 g weinrot, ca. 400 g grau, 50 g beige, 50 g rosa; Schnellstricknadeln Nr. 5, Nadelspiel Nr. 3½, Häkelnadel Nr. 3.

Muster
Das Bündchen 2 Maschen rechts und 2 Maschen links im Wechsel, dann glatt rechts mit Jacquardmuster nach Strickschrift.

STRICKSCHRIFT

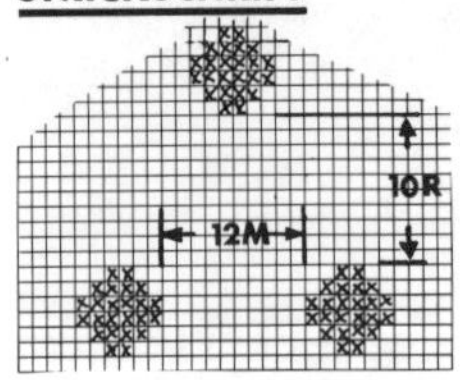

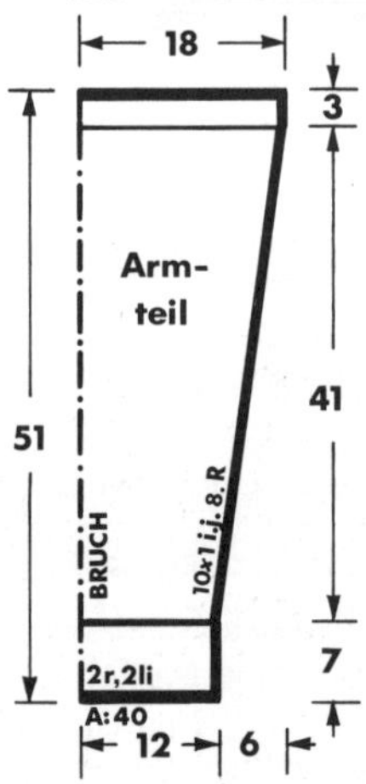

Maschenprobe
14 Maschen x 18 Reihen = 10 cm².

Ausführung
Rückenteil: 74 Maschen und 2 Randmaschen in Grau anschlagen. Das Bündchenmuster 7 cm arbeiten, dann im Grundmuster mit der weinroten Wolle weiter. Nach 10 Reihen, also in der 11. Reihe mit dem Jacquardmuster beginnen. 9 Maschen weinrot, 2 Maschen beige, 16 Maschen weinrot, 2 Maschen beige, 16 Maschen weinrot, 2 Maschen beige, 16 Maschen weinrot, 2 Maschen beige, 9 Maschen weinrot (74 Maschen). In der folgenden und allen weiteren Reihen nach Strickschrift und Schnittmuster arbeiten. Zwischen den Schmuckreihen immer 10 Reihen in Weinrot stricken. Bei einer Gesamtlänge von 21 cm mit dem grauen Streifen beginnen, dabei auf der rechten Seite am rechten Rand in jeder 2. Reihe 1 Masche mehr in Grau nach links arbeiten, damit es zur Diagonalen kommt. Wenn 15 graue Maschen auf der Nadel sind, wird auf der rechten Seite vom Rand aus mit 1 Masche in Weinrot begonnen. Bei einer Gesamtlänge des Rückenteils von 45 cm beidseitig für die Ärmel je 5 Maschen abketten. Nach weiteren 22 cm Armhöhe für die Schulter je 9 Maschen abketten und das 2mal.

Vorderteil: wie den Rücken arbeiten. Den Diagonalstreifen gegengleich stricken. Bei einer Armlochhöhe von 13 cm für den Halsausschnitt die mittleren 10 Maschen abketten. Die Teile nun getrennt arbeiten. Für die weitere Rundung am inneren Rand in jeder 2. Reihe 1mal 3 Maschen, 2mal 2 Maschen, 2mal 1 Masche abketten. Für die Schulter 2mal je 9 Maschen abketten.

Die andere Hälfte gegengleich fertigstellen.

Ärmel: 40 Maschen in Grau anschlagen und 7 cm im Bündchenmuster arbeiten. Dann im Grundmuster weiterstricken, dabei in jeder 8. Reihe an beiden Seiten je 1 Masche zunehmen, insgesamt 10mal. Bei einer Gesamtlänge von 48 cm 3 cm ohne Zunahme arbeiten und die Maschen lose abketten.

Fertigstellung
Die Nähte schließen. Für den Rollkragen in Grau ca. 80 Maschen auffassen und 18 cm im Bündchenmuster stricken.

Mütze
Ca. 108 Maschen in Weinrot anschlagen und mit dem Nadelspiel im Grundmuster 10 cm arbeiten. Nun einen Schmuckstreifen arbeiten. Bei einer Gesamtlänge von 15 cm jede 17. u. 18. Masche zusammenstricken. Nun in jeder Runde vor der letzten Abnahme 2 Maschen zusammenstricken, bis noch 12 Maschen vorhanden sind. Durch diese 12 Maschen einen Faden ziehen und vernähen. 2 beige und 2 rosafarbene Hütchen, so groß wie ein Fingerhut, häkeln und an je 6 cm Luftmaschenketten befestigen, 4 cm innen vom Rand annähen. Ebenfalls in Grau 1 Hütchen etwas größer arbeiten. Eine 20 cm lange Luftmaschenkette in Grau häkeln und je 3 Fäden in Beige, Rosa und Grau am Anfang der Luftmaschenkette durchziehen. Nun das Hütchen durchziehen; nach oben stülpen und Luftmaschenkette an der Mützenspitze befestigen.

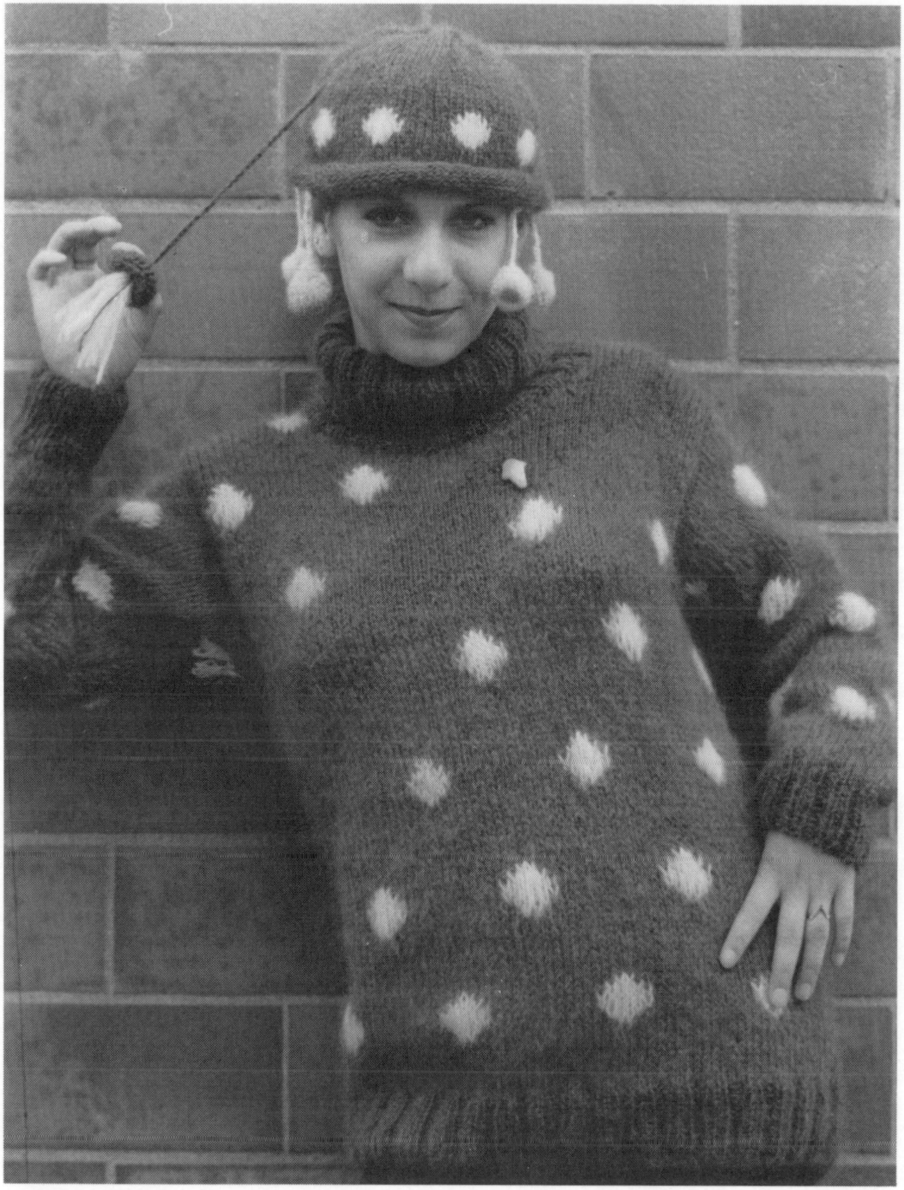

Kuschelpullover mit Mütze

Ärmellose Weste

Größe 38

Material
Junghans-Wolle »Superwash«, 350 g weiß und je 100 g rot und dunkelblau; Stricknadeln Nr. 3–4.

Muster
Bündchenmuster 1 Masche rechts und 1 Masche links im Wechsel, glatt rechts mit Querstreifen, dafür fortlaufend 14 Reihen weiß, je 2 Reihen rot, weiß und blau strik-

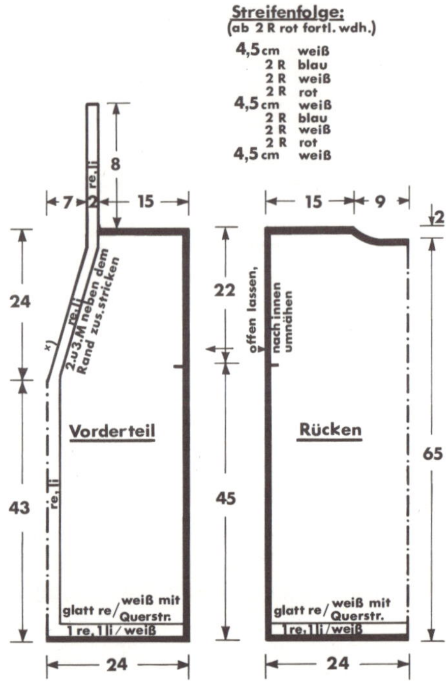

x) Die M an der Schrägung loser stricken, da sie sonst spannen.

Ärmellose Weste

ken. Die Karos werden durch senkrechte blaue und rote Streifen gebildet. Die blauen Streifen mit Maschenstichen und die roten Streifen mit Kettstichen aufsticken.

Maschenprobe

22 Maschen x 31 Reihen = 10 cm².

Ausführung

Rückenteil: 106 Maschen in Weiß anschlagen und 3 cm = 10 Reihen abwechselnd 1 Masche rechts und 1 Masche links stricken, dann glatt rechts mit Querstreifen weiter gerade hocharbeiten. Nach 65 cm ab Anschlag für den Halsausschnitt die mittleren 24 Maschen abketten und beidseitig davon in jeder 2. Reihe je 4 Maschen abketten, insgesamt 2mal. Dann die restlichen 33 Schultermaschen abketten.

Vorderteil: 57 Maschen in Weiß anschlagen und 3 cm Bündchen stricken. Nun für die vordere Blende 9 Maschen auf eine Hilfsnadel nehmen und über den restlichen 48 Maschen glatt rechts mit Querstreifen weiterarbeiten. Nach 43 cm ab Anschlag für den Halsausschnitt 11mal in jeder 4. Reihe und 4mal in jeder 6. Reihe 1 Masche abnehmen, dafür stets die 2. und 3. Masche zusammenstricken. Noch 12 Reihen gerade hochstricken und dann für die Schulter 33 Maschen abketten.

Das zweite Vorderteil gegengleich arbeiten.

Für die Blende über den 9 stillgelegten Maschen in Weiß 72 cm im Bündchenmuster gerade hochstricken.

Fertigstellung

Auf die Strickteile oberhalb vom Bündchen die senkrechten Streifen aufsticken. Zwischen den Streifen jeweils 14 Maschen übergehen.

Schulternähte schließen. Seitennähte bis auf die oberen 22 cm für die Armausschnitte schließen. Blende in der rückwärtigen Mitte zusammennähen und die gesamte Blende annähen.

Norweger-Pullover

Größe 40

Material

Schachenmayr-Wolle »Nomotta Country«, 450 g weiß, je 100 g hell- und dunkelblau; Schnellstricknadeln Nr. 3½ und 4, Rundstricknadel Nr. 4, 80 cm lang, Nadelspiel Nr. 3½.

Muster

Im Bündchen 1 Masche rechts und 1 Masche links im Wechsel das Grundmuster glatt rechts; die beiden Jacquardmuster laut Strickschrift.

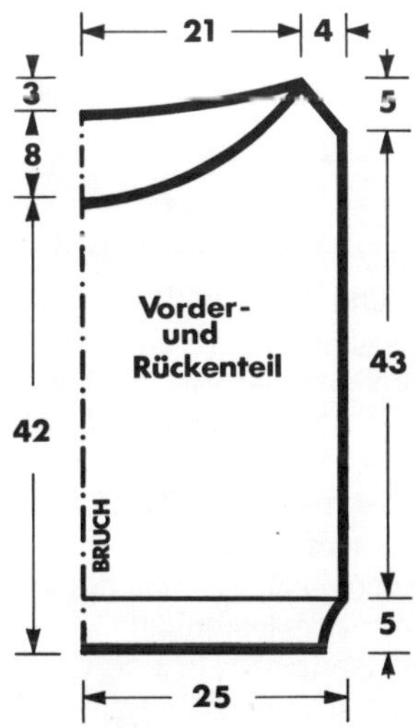

Maschenprobe

21 Maschen x 31 Reihen = 10 cm².

Ausführung

Rückenteil: 104 Maschen mit Nadeln Nr. 3½ anschlagen, 5 cm stricken, weiter mit Nadeln Nr. 4. Die Rückenreihe stricken, dabei verteilt 6 Maschen zunehmen = 110 Maschen. Dann Jacquardmuster 1 stricken (im Bild nicht zu erkennen). Nach Beendigung des Musters verteilt 6 Maschen abnehmen und im Grundmuster weiterstricken. Nach 48 cm Gesamthöhe, für die Raglanschrägung beiderseitig in jeder 2. Reihe je 1 Masche abnehmen, insgesamt 8mal = 88 Maschen. Nach 8 Reihen während der Raglanabnahme mit verkürzten Reihen arbeiten wie folgt: die mittleren 54 Maschen stillegen und beider-

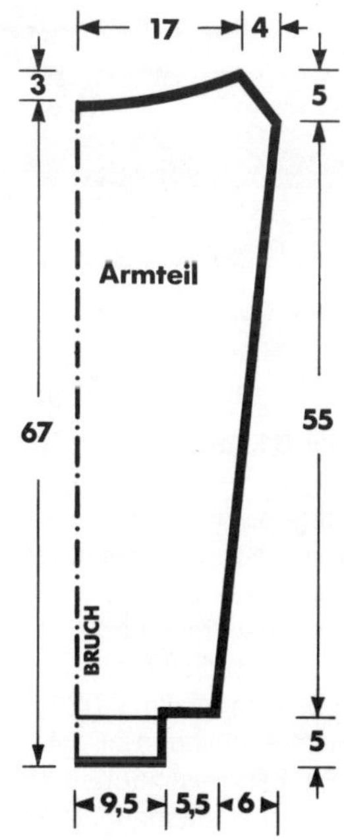

Norweger-Pullover

STRICKSCHRIFT

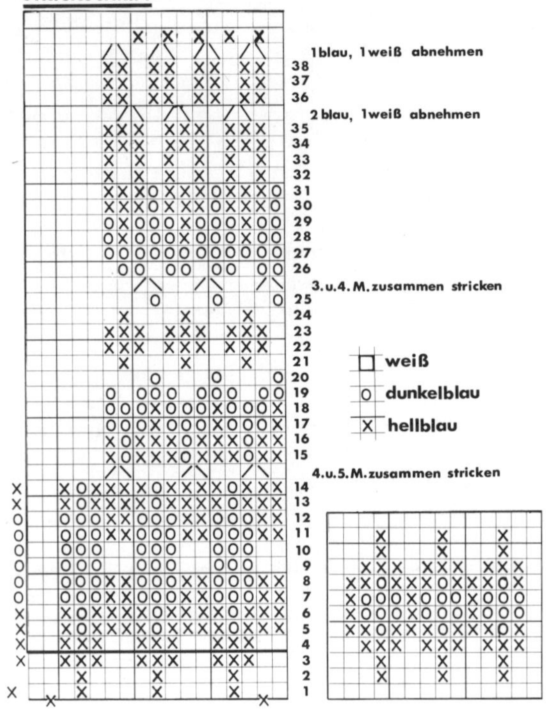

MUSTER II

MUSTER I

seitig in jeder 2. Reihe noch 2mal 6 Maschen, 1mal 3 Maschen und 1mal 2 Maschen stillegen. Alle Maschen auf eine Hilfsnadel legen.

Vorderteil: Bis auf die verkürzten Reihen wie das Rückenteil stricken. Nach 42 cm Gesamthöhe die mittleren 18 Maschen stillegen und beiderseitig in jeder 2. Reihe noch 1mal 5, 4mal 4, 3mal 3, 1mal 2 und 3mal 1 Masche stillegen. Raglanschräge wie beim Rücken beschrieben ausführen. Maschen auf eine Hilfsnadel legen.

Ärmel: 40 Maschen mit Nadeln Nr. 3½ anschlagen und 10 cm im Bundmuster stricken. Mit Nadeln Nr. 4 im Grundmuster weiterarbeiten, dabei in der 1. Reihe verteilt 26 Maschen zunehmen = 66 Maschen. Beiderseitig in jeder 12. Reihe 11mal 1 Masche zunehmen = 88 Maschen. Nach 60 cm Raglanschräge wie beim Rücken beschrieben ausführen. Mit der 4. Raglanabnahme die mittleren 30 Maschen stillegen und beiderseits in jeder 2. Reihe mit verkürzten Reihen noch 1mal 6 Maschen und 3mal 5 Maschen stillegen = 72 Maschen, alle Maschen auf eine Hilfsnadel geben.

Für die Rundpasse die Maschen wie folgt auf die Rundstricknadel nehmen: Vorderteil, Arm, Rücken und Arm. Laut Werkzeichnung in Muster II die Rundpasse stricken. Nach Beendigung der Rundpasse noch 3 cm in Weiß im Bundmuster stricken.

Fertigstellung

Seiten, Ärmel und Raglannähte schließen.

Jacke mit Bild

Größe 38/40

Material
Schoeller-Wolle »Strick-Spass«, 1200 g hellblau, 250 g grasgrün, 200 g mittelblau, je 100 g weiß und oliv, je 50 g rot, braun, gelb sowie Reste in Schwarz und Petrol; Schnellstricknadeln Nr. 7, Rundstricknadel Nr. 7, 120 cm lang.

Muster
Die Bündchen kraus rechts, dann glatt rechts mit Jacquardmuster nach Zählmuster (kleine Motive können auch im Maschenstich aufgestickt werden).

Maschenprobe
Mit doppeltem Faden 11 Maschen x 16 Reihen = 10 cm².

Ausführung
Die Vorderteile und der Rücken werden zusammen auf der Rundstricknadel gearbeitet, und zwar mit doppeltem Faden. 140 Maschen in Mittelblau anschlagen und 7 Rippen kraus rechts stricken. Dann weiter mit dem Einstrickmuster nach Werkzeichnung arbeiten. Nach 40 cm ab Anschlag die 35. und 106. Masche markieren und beiderseits davon in jeder 6. Reihe 2 Maschen rechts verschränkt zusammenstricken, insgesamt 5mal. Nach 60 cm ab Anschlag für die Armausschnitte die 26. bis 35. und die 86. bis 95. Masche abketten, alle Maschen stillegen.

Ärmel: Jeweils 40 Maschen in Hellblau anschlagen, darüber 7 Rippen in kraus rechts das Bündchen und weiter glatt rechts stricken, dabei in jeder 10. Reihe an beiden Seiten je 1 Masche zunehmen, insgesamt 5mal. Nach 50 cm ab Anschlag beiderseits 5 Maschen abketten.
Wenn auch der zweite Ärmel bis hierher fertiggestellt ist, werden alle Maschen wie folgt auf die Rundnadel genommen: 25 Maschen rechtes Vorderteil, 40 Maschen rechter Ärmel, 50 Maschen Rücken, 40 Maschen linker Ärmel und 25 Maschen linkes Vorderteil = 180 Maschen. Beim Abstricken der stillgelegten Maschen auf die Rundnadel jeweils die letzte Masche des einen Teils und die erste Masche des folgenden Teils markieren. Für die Raglanabnahmen beiderseits der markierten Maschen am Rücken in jeder 2. Reihe insgesamt 18mal 1 Masche, am Vorderteil 14mal

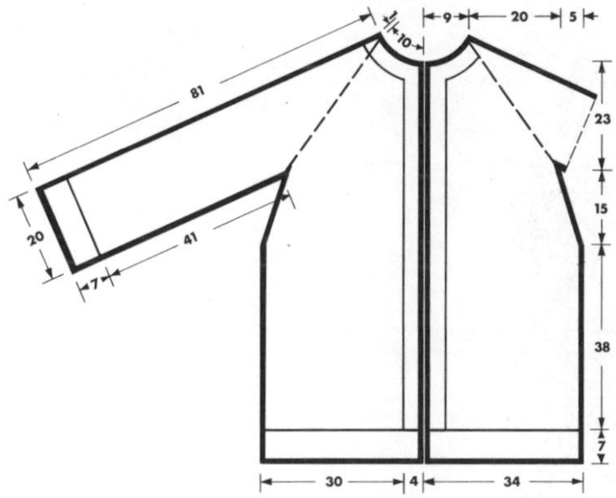

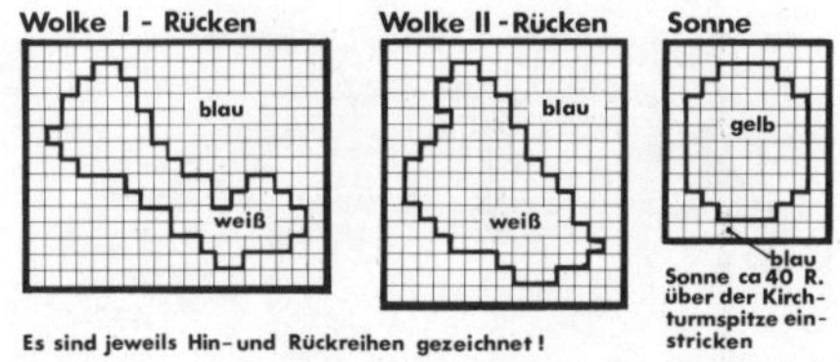

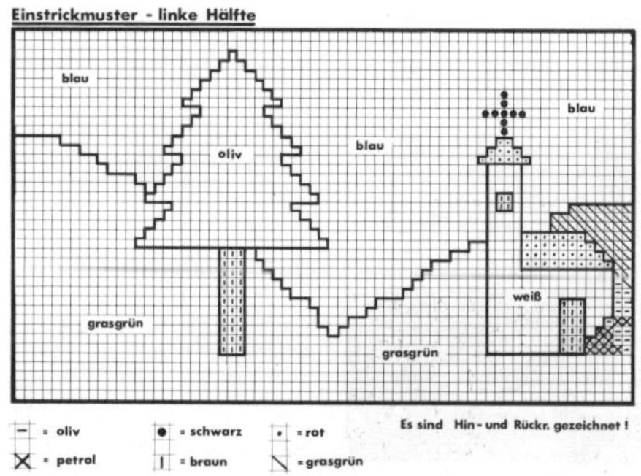

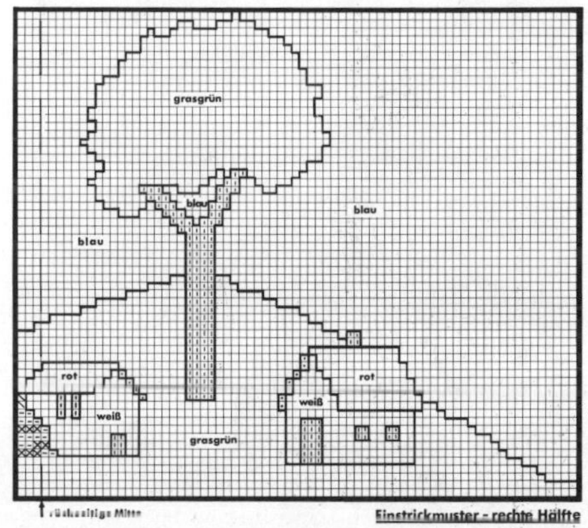

Jacke mit Bild

je 1 Masche in jeder 2. Reihe, danach 2mal je 1 Masche in jeder 4. Reihe abnehmen (= die erste markierte Masche mit der vorhergehenden Masche rechts zusammenstrikken und die zweite markierte Masche mit der folgenden Masche rechts verschränkt zusammenstricken). An den Vorderteilen für den vorderen Halsausschnitt nach 78 cm ab Anschlag jeweils 1mal 2 Maschen und 3mal 1 Masche abketten.

Fertigstellung

Für die Halsblende zu den restlichen 30 Maschen aus den vorderen Halsausschnitten jeweils 7 Maschen aufnehmen (= 44 Maschen in Hellblau 4 Rippen stricken), dabei in der 2. und 4. Reihe gleichmäßig verteilt jeweils 4 Maschen abnehmen.

Aus den Vorderteilkanten einschließlich der Halsblende in Hellblau jeweils 80 Maschen aufnehmen, die letzten beziehungsweise ersten 8 Maschen (= untere Kante) in Mittelblau. Dann 4 Rippen strikken, Maschen abketten, Ärmelnähte schließen. Zuletzt nach Phantasie Sonnenstrahlen mit Kettenstich in Gelb und Vögel im Maschenstich in Schwarz aufsticken.

Borten, Blenden und Säume

Wenn ihr ein Stück nur glatt rechts strickt, dann rollt es sich nach einigen Reihen an den Kanten ein. Da man diesen Effekt selten wünscht, werden Borten, Blenden und Säume gestrickt, die das Gestrickte an den Kanten glatt halten.

Borten und Blenden

Am häufigsten werden Borten, oder auch Bündchen genannt, im Rippenmuster aus 2 Maschen rechts und 2 Maschen links, oder 1 Masche rechts und 1 Masche links im Wechsel gestrickt. Diese Gestricke sind elastisch und ziehen den Rand immer wieder zusammen.
Soll die Kante ganz glatt werden, strickt man die Borte entweder kraus rechts oder im Perlmuster. Die Blenden, zum Beispiel bei einer Jackenkante, werden in der gewünschten Breite ebenso weiter hochgearbeitet, während das andere Gestrick im jeweils angegebenen Grundmuster ausgeführt wird.

Kraus rechts gestrickte Blende

Blende im Perlmuster

Angestrickte Blende in einer Kontrastfarbe

Angehäkelte Blende

Borten und Blenden können auch nachträglich angestrickt werden. Das Strickteil wird zunächst im Grundmuster gearbeitet und dann die Borte in einem Perl-, Kraus- oder Rippenmuster angearbeitet. Diese Borte ist auch hübsch, wenn sie eine andere Farbe als das Grundmuster hat.
Dabei werden aus den Randmaschen Maschen auf eine Rundnadel gegeben, die erste Runde wird in der Grundfarbe abgestrickt. Danach kann das Bortenmuster in der Schmuckfarbe gestrickt werden.
Wichtig ist hier die richtige Eckbildung. Dazu wird an der entsprechenden Stelle eine Zentralmasche markiert und rechts und links davon jeweils eine Masche zugenommen. In der Rückreihe wird ohne Zunahmen gestrickt. Man kann eine Blende auch anhäkeln.

Säume

Je nach Modell könnt ihr auch ähnlich wie beim Nähen richtige Säume bilden.
Beim gestrickten Saum wird die gewünschte Saumbreite glatt rechts gestrickt. Dann folgt eine Reihe linker Maschen. Dadurch läßt sich der Saum hier gut abknikken. Nach der entsprechenden Höhe kann der Saum angenäht werden.
Der Mäusezähnchensaum hat seinen niedlichen Namen von den Zacken, die er am Rand bildet. Er ist sehr ansprechend für Sommersachen, Kniestrümpfe oder Söckchen. Die gewünschte Saumbreite wird in glatt rechts gestrickt, dann für die Mäusezähnchen eine Reihe Lochmuster. Und zwar immer abwechselnd ein Umschlag, die beiden nächsten Maschen rechts zusammenstricken, ein Umschlag usw. In der

Mäusezähnchensaum

Rückreihe werden alle Maschen abgestrickt, wie sie erscheinen, den Umschlag nicht verdrehen.
Danach wieder entsprechend der Saumbreite glatt rechts weiterstricken. Wenn die Saumbreite erreicht ist, den Mäusezähnchensaum annähen.

Ärmellose Weste

Größe 36/38

Material
Schachenmayr-Wolle »Nomotta Extra«, 450 g gelb, 50 g rost; Schnellstricknadeln Nr. $3^{1}/_{2}$, Häkelnadel Nr. $3^{1}/_{2}$.

Muster
Phantasiemuster nach Arbeitsanleitung, Blenden und Borten aus festen Maschen gehäkelt.

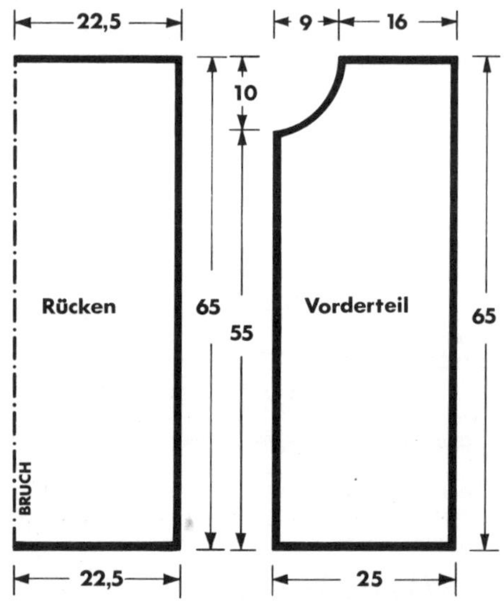

Maschenprobe
26 Maschen x 25 Reihen = 10 cm^2.

Ausführung
Rückenteil: 118 Maschen anschlagen und 65 cm im Phantasiemuster stricken.
1. Reihe: 1 Randmasche, + 2 Maschen auf eine Hilfsnadel nehmen und hinter die Arbeit legen, 2 Maschen rechts, dann die Hilfsnadel-Maschen rechts, 1 Umschlag, 3 Maschen rechts zusammenstricken, 1 Umschlag +; von + bis + wiederholen. Die Reihe endet mit 2 Maschen auf Hilfsnadel nehmen und hinter die Arbeit legen, 2 Maschen rechts, Hilfsnadel-Maschen rechts, 1 Randmasche.
2. Reihe und jede weitere Rückreihe: alle Maschen, auch die Umschläge links offen stricken.
3. Reihe: 1 Randmasche, + 2 Maschen rechts, 1 Umschlag, 2 Maschen rechts, 1 Umschlag, 3 Maschen rechts zusammenstricken, 1 Umschlag +; von + bis + wiederholen. Die Reihe endet mit 2 Maschen rechts, 1 Umschlag, 2 Maschen rechts, 1 Randmasche.
5. Reihe: 1 Randmasche, + 2 Maschen rechts, 1 Umschlag, 1 Masche rechts, 1 Umschlag, 2 Maschen rechts, 3 Maschen rechts zusammenstricken +; von + bis + wiederholen.
Die Reihe endet mit 2 Maschen rechts, 1 Umschlag, 1 Masche rechts, 1 Umschlag, 2 Maschen rechts, 1 Randmasche.
7. Reihe: 1 Randmasche, 2 Maschen rechts, + 1 Umschlag, 3 Maschen rechts zusammenstricken, 1 Umschlag, 2 Maschen auf Hilfsnadel nehmen und vor die Arbeit legen, 2 Maschen rechts zusammenstricken, 1 Masche rechts, dann die

Ärmellose Weste

Hilfsnadel-Maschen rechts stricken +; von + bis + wiederholen. Die Reihe endet mit 1 Umschlag, 3 Maschen rechts zusammenstricken, 1 Umschlag, 2 Maschen rechts, 1 Randmasche.
9. Reihe: 1 Randmasche, + 2 Maschen rechts, 1 Umschlag, 3 Maschen rechts zusammenstricken, 1 Umschlag, 2 Maschen rechts, 1 Umschlag +; von + bis + wiederholen. Die Reihe endet mit 2 Maschen rechts, 1 Umschlag, 3 Maschen rechts zusammenstricken, 1 Umschlag, 2 Maschen rechts, 1 Randmasche.
11. Reihe: 1 Randmasche, + 2 Maschen rechts, 3 Maschen rechts zusammenstricken, 2 Maschen rechts, 1 Umschlag, 1 Masche rechts, 1 Umschlag +; von + bis + wiederholen. Die Reihe endet mit 2 Maschen rechts, 3 Maschen rechts zusammenstricken, 2 Maschen rechts, 1 Randmasche.
13. Reihe: 1 Randmasche, + 3 Maschen auf Hilfsnadel nehmen und hinter die Arbeit legen, 2 Maschen rechts, dann die 1. und 2. Hilfsnadel-Masche rechts zusammenstricken, 1 Hilfsnadel-Masche rechts, 1 Umschlag, 3 Maschen rechts zusammenstricken. 1 Umschlag +; von + bis + wiederholen.
Die Reihe endet mit 5 Maschen verkreuzen, wie zu Beginn der Reihe beschrieben, 1 Randmasche.
14. Reihe: links.
13.–14. Reihe: fortlaufend wiederholen.
Linkes Vorderteil: 69 Maschen anschlagen und 55 cm im Phantasiemuster stricken, dann an der linken Seite für den Halsausschnitt in jeder 2. Reihe 1mal 10, 2mal 4, 1mal 3, und 3mal 2 Maschen abketten, die restlichen 42 Maschen für die Schulter auf einmal abketten. Rechtes Vorderteil gegengleich arbeiten.

Fertigstellung
Teile spannen, anfeuchten und trocknen lassen. Schulternähte schließen. Seitennähte von der mittleren Kante her 45 cm schließen. Mit der Farbe Rost die Armausschnitte mit 3 Reihen fester Maschen umhäkeln, ebenso die Weste ringsum mit 3 Reihen fester Maschen umhäkeln, dabei in den Ecken jeweils 3 feste Maschen arbeiten.
2 Kordeln aus 6 Fäden, fertige Länge ca. 45 cm, drehen, und 10 cm unterhalb des Halsausschnitts annähen.

Outdoorjacke mit Stutzen

Größe 38

Material
Junghans-Wolle »Schneeflocke«, 600 g hellgrün und 150 g dunkelgrün; Stricknadeln Nr. 5–6, Häkelnadel Nr. 5; 3 Knöpfe und Acryl-Watte.

Muster
Blenden im Perlmuster, Rücken- und Vorderteil glatt rechts, Ärmel im Rippenmuster aus 4 Maschen links und 4 Maschen rechts im Wechsel.

Maschenprobe
Glatt rechts 16 Maschen x 23 Reihen = 10 cm².

Ausführung
Rückenteil: 76 Maschen in Hellgrün anschlagen und glatt rechts arbeiten. Nach 47 cm beidseitig für die Armausschnitte je 6 Maschen gerade abketten. Nach 20 cm Armausschnitthöhe die Schulterschrägungen und den Halsausschnitt gleichzeitig arbeiten. Für die Schulterschrägung in jeder 2. Reihe 3mal je 6 Maschen abketten. Für den Halsausschnitt die mittleren 20 Maschen und beidseitig 1mal je 4 Maschen abketten.

Vorderteil: 38 Maschen in Hellgrün anschlagen und glatt rechts arbeiten. Nach

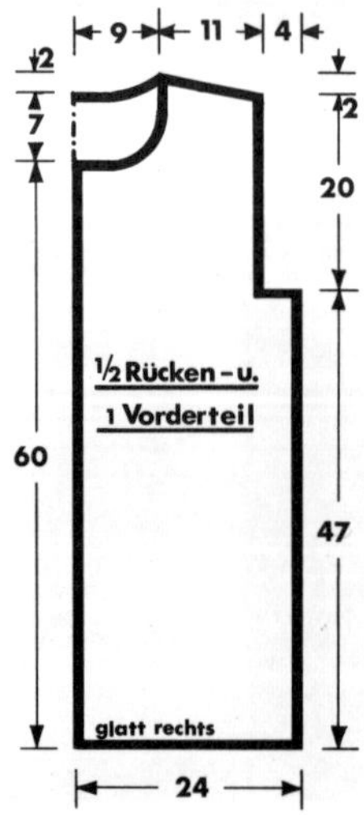

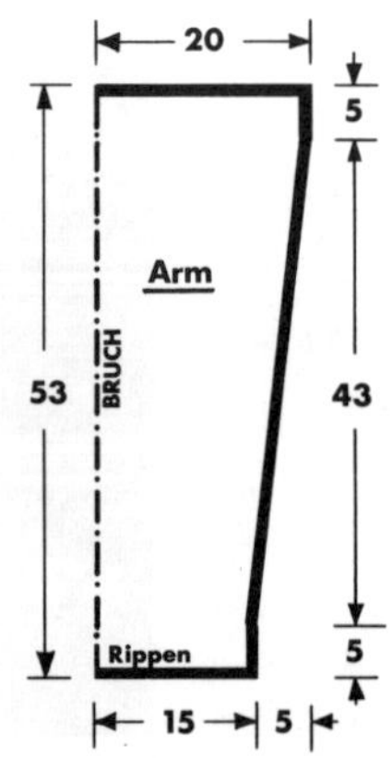

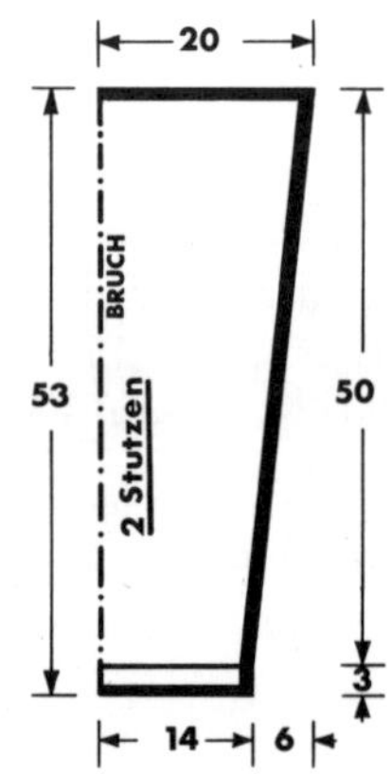

47 cm für den Armausschnitt 6 Maschen gerade abketten. Für den Halsausschnitt nach 60 cm ab Anschlag in jeder 2. Reihe 1mal 6, 2mal 2, 2mal 1 Masche und in jeder 4. Reihe 2mal 1 Masche abnehmen. Schulterschrägung wie am Rückenteil arbeiten. Zweites Vorderteil gegengleich arbeiten.

Ärmel: 48 Maschen in Hellgrün anschlagen und 3 cm mit 2 Maschen rechts beginnend das Rippenmuster 4 Maschen links, 4 Maschen rechts stricken. Die Reihe endet jeweils mit 2 Maschen rechts. Nach 2 cm für die seitliche Schrägung beidseitig in jeder 14. Reihe je 1 Masche zunehmen, insgesamt 8mal = 64 Maschen. Noch 10 Reihen gerade hochstricken und die Maschen abketten.

Schulterblende: 9 Maschen in Dunkelgrün anschlagen und im Perlmuster stricken, dabei beidseitig ab der 5. Reihe in jeder 18. Reihe je 1 Masche zunehmen, insgesamt 3mal = 15 Maschen, 44 Reihen gerade hocharbeiten und wieder beidseitig in jeder 18. Reihe 3mal je 1 Masche abnehmen = 9 Maschen. 5 Reihen gerade hochstricken und die Maschen abketten.

Fertigstellung
Seiten- und Schulternähte schließen. Aus dem unteren Rand 148 Maschen aufnehmen und 3 cm = 9 Reihen Perlmuster in Dunkelgrün anstricken. Aus dem vorderen Rand, für die Blende, 93 Maschen aufnehmen und 3 cm = 9 Reihen Perlmuster in Dunkelgrün anstricken. Aus dem Halsrand

Outdoorjacke mit Stutzen

81 Maschen aufnehmen und 3 cm = 9 Reihen Perlmuster in Dunkelgrün anstricken. Die Schulterblende der Länge nach zusammenlegen und überwendlich annähen. Diesen Teil mit Acryl-Watte auffüllen und am Armausschnitt annähen. Ärmel zusammen- und unterhalb vom Wulst annähen. Für die Ösen 3mal 12 Luftmaschen anschlagen und 1 Reihe feste Maschen häkeln, diese dem Foto entsprechend annähen, ebenso die Knöpfe.

Stutzen

Material
Junghans-Wolle »Schneeflocke«, 200 g hellgrün, 50 g dunkelgrün; Stricknadeln Nr. 5.

Ausführung
48 Maschen in Dunkelgrün anschlagen, 10 Reihen Perlmuster stricken, dann in Hellgrün glatt rechts weiterarbeiten. 50 cm gerade hochstricken, dabei beiderseits an den Rändern in jeder 10. Reihe je 1 Masche zunehmen. Abketten und Nähte flach schließen.

Pulli mit Matrosenkragen und Mütze

Größe 38

Material
Gebrasa-Wolle »Winter-Sport«, 750 g dunkelblau; Schnellstricknadeln Nr. 4½ und Nadelspiel Nr. 4 für die Mütze

Muster
Die Borten und Blenden 1 Masche rechts und 1 Masche links im Wechsel, glatt rechts und kraus rechts.

Maschenprobe
18 Maschen x 23 Reihen = 10 cm^2.

Ausführung
Vorderteil: 80 Maschen anschlagen, 6 cm glatt rechts stricken, 1 Reihe links als Bruchkante. 37 cm ab Bruchkante gerade hochstricken, dann die Arbeit teilen und Seitenteile neben dem V-Ausschnitt getrennt fertigstellen: Nach der 3. Masche vom Ausschnittrand in jeder 4. Reihe 1 Masche, insgesamt 13mal, abnehmen. Für die Schulterschrägung gleichzeitig nach 19 cm Arbeitsteilung 3mal 9 Maschen abketten. Andere Seite gegengleich beenden.

Rücken: Wie das Vorderteil arbeiten, jedoch keine Abnahme in der rückwärtigen Mitte machen, sondern nach Fertigstellung der Schulterschrägung die restlichen Maschen abketten.

Ärmel: 42 Maschen anschlagen, 6 cm hoch 1 Masche rechts, 1 Masche links stricken. Dann glatt rechts weiter arbeiten. Dabei beiderseits in jeder 10. Reihe je 1 Masche zunehmen, insgesamt 10mal. Für die Armschrägung beiderseits 1mal je 10 Maschen und 1mal je 20 Maschen abketten.

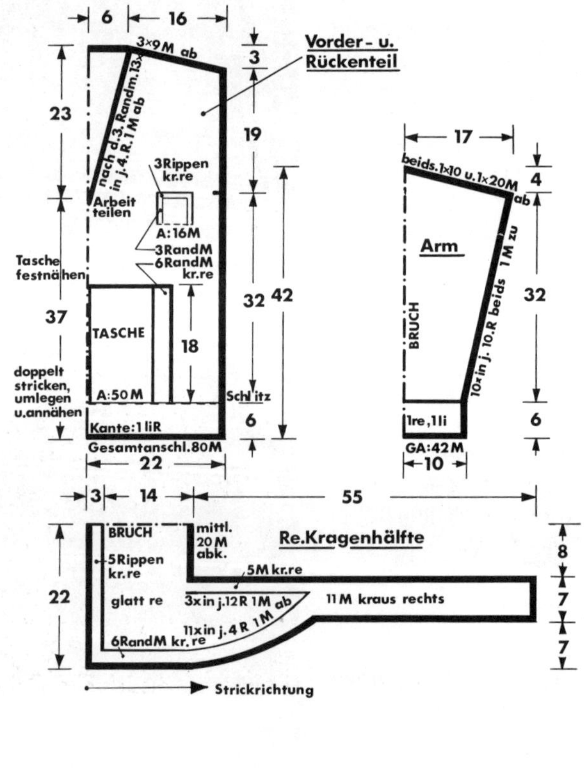

Kragen: 40 Maschen anschlagen und 5 Rippen = 10 Reihen kraus rechts stricken. 6 Randmaschen als Blende über die ganze Länge kraus rechts arbeiten. Nach 17 cm Gesamthöhe die mittleren 20 Maschen abketten. Beide Kragenhälften getrennt fertigstellen. Für die Krageninnenseite eine Blende über 5 Maschen kraus rechts stricken. Am äußeren Kragenrand in jeder 4. Reihe 1 Masche abnehmen, insgesamt 11mal. Dabei in jeder 4. Reihe über die 6 Randmaschen zusätzlich 1mal hin- und herstricken. Nachdem nur noch 11 Maschen auf der Nadel sind, gerade hochstricken, bis 72 cm Gesamthöhe erreicht sind, dann abketten. Zweite Kragenhälfte gegengleich arbeiten.

Känguruhtasche: 50 Maschen anschlagen. Rechts und links über je 6 Maschen kraus rechts, die mittleren Maschen glatt rechts stricken. Nach 18 cm Gesamthöhe abketten.

Brusttasche: 16 Maschen anschlagen, rechts und links über je 3 Maschen kraus rechts, die mittleren Maschen glatt rechts stricken. Nach 18 Reihen 3 Rippen = 6 Reihen kraus rechts als Abschluß arbeiten, dann abketten.

Fertigstellung

Taschen aufnähen und die Nähte schließen.

Aus dem Halsausschnitt 84 Maschen auffassen und 5 Reihen 1 Masche rechts, 1 Masche links stricken. Dabei darauf achten, daß in die Mitte des V-Ausschnittes 1

Pulli mit Matrosenkragen und Mütze

rechte Masche trifft und in jeder 2. Reihe vor und nach dieser rechten Masche 2 Maschen zusammengestrickt werden.

Mütze

78 Maschen auf dem Nadelspiel anschlagen und 7 cm glatt rechts stricken, 1 Runde links und noch einmal 7 cm glatt rechts. Diese Kante wird nach Beendigung der Mütze umgelegt und angenäht.
Für die Abnahme jede 13. Masche kennzeichnen und in jeder 2. Runde die gekennzeichnete Masche mit der Masche davor zusammenstricken. Die restlichen 6 Maschen mit dem Arbeitsfaden zusammenziehen.

Gestrickte Bilder

Material
Alle Sorten bunter Wollreste, entsprechende Nadelstärke, dicke Pappe, Holzperlen, Klebstoff.

Ausführung
Nach angegebenen Schnittmustern oder eigenem Entwurf originalgroßes Bild aufzeichnen. Zunächst den Hintergrund stricken. Dabei muß der Übergang zwischen Himmel und Erde oder Wasser nicht gerade sein, er kann auch in Jacquardtechnik hügelig oder wellenförmig gestrickt werden. Der fertige Hintergrund wird auf eine Pappscheibe aufgeklebt, die Ränder nach hinten umgeschlagen und ebenfalls befestigt. Nun strickt man nach dem Schnittmuster die einzelnen Teile, wie das Haus, das Dach, das Schiff und anderes. Die Teile werden in beliebigen Strickmustern gefertigt und dann auf den Hintergrund aufgenäht. Fensterrahmen, Blumen und ähnliche kleine Dinge werden mit Maschen- oder Kettenstich aufgestickt.
Sehr lustig sieht in unserem Beispiel der Baum aus. Er entsteht durch das Wickeln eines halben Pompons. Die roten Holzperlen werden als Äpfel eingenäht.

Gestrickte Bilder

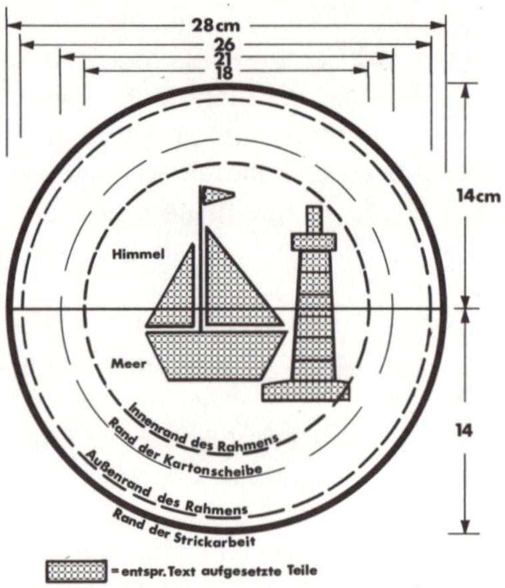

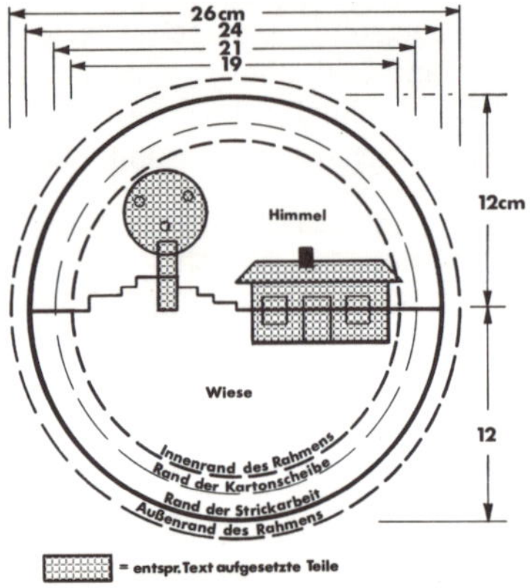

Zum Schluß wird aus Pappe ein Rahmen zugeschnitten, der den Rand des Bildes etwa 0,5 cm überdeckt. Der Rahmen wird mit einem krausgestrickten Band entsprechender Länge und Breite bezogen und dann auf das Bild genäht.
Die Bilderrückseite könnt ihr mit dünnem Stoff abfüttern.

Clown

Material
Aarlan-Wolle »match«, je 1 Knäuel weiß, gelb, rot, türkis, dunkelblau; Nadelspiel Nr. 4$^1/_2$, Häkelnadel, Wollsticknadel.

Muster
Glatt rechts.

Ausführung
Die Ringel und die Folge der Farbstreifen sollte jeder nach eigenem Geschmack zusammenstellen, lediglich Kopfteil und Hände sollen in Weiß sein.

Bein: 30 Maschen anschlagen und 17 cm im gewünschten Ringelmuster hochstricken. Zweites Bein ebenso arbeiten.

Rumpf: Die Maschen der Beinteile nebeneinander legen. Alle Maschen zusammen auf ein Nadelspiel nehmen und nun den Rumpf in Runden stricken. 22 cm glatt rechts über 60 Maschen hocharbeiten, dann für den Kopf in Weiß weiterstricken.

Kopf: 10 cm in Weiß stricken, danach abnehmen und zwar in jeder Runde jede 5. Masche mit der folgenden zusammenstricken, bis nur noch wenige Maschen übrig sind. Den Arbeitsfaden durch diese Maschen ziehen und vernähen.

Arme: 24 Maschen anschlagen, in Reihen glatt rechts im gewünschten Ringelmuster 20 cm stricken. Dann in Weiß 3 Reihen stricken und anschließend in jeder 2. Reihe jede 4. Masche mit der folgenden zusammenstricken, bis nur noch wenige Maschen übrig sind, diese abketten.

Clown

Fertigstellung
Kopf mit Füllwatte ausstopfen. Einen Reihfaden aus weißer Wolle am Halsansatz einziehen und fest zusammennähen. Jetzt den Rumpf mit Watte füllen. Am Beinansatz mit passender Wolle quer absteppen. Beinnähte schließen, dann ausstopfen, am unteren Ende einkräuseln und zunähen. Für die Arme die Nähte schließen, dann mit Watte ausstopfen und Arme so annähen, daß die Nähte innen liegen.
Für die Nase einen kleinen Pompon (ca. 2 cm ∅) in Rot herstellen und in der Gesichtsmitte aufnähen. Für die Augen in Blau zwei Sterne aufsticken. Der Mund ist in Rot mit Kettenstich aufgestickt. Für die Haare wird rote Wolle in losen Schlingen rings um den Kopf herum aufgestickt.

Hütchen: In Gelb 3 Luftmaschen zum Ring schließen, in festen Maschen eine flache runde Scheibe (ca. 5 cm ∅) häkeln, dann ohne Zunahme noch ca. 3 cm hocharbeiten. Jetzt durch starke Zunahmen einen welligen Rand von ca. 3 cm Breite häkeln. Hütchen schräg auf den Kopf aufnähen.

Halsband: Eine ca. 50 cm lange Luftmaschenkette häkeln, an jedes Ende eine kleine Quaste nähen und um den Hals binden.

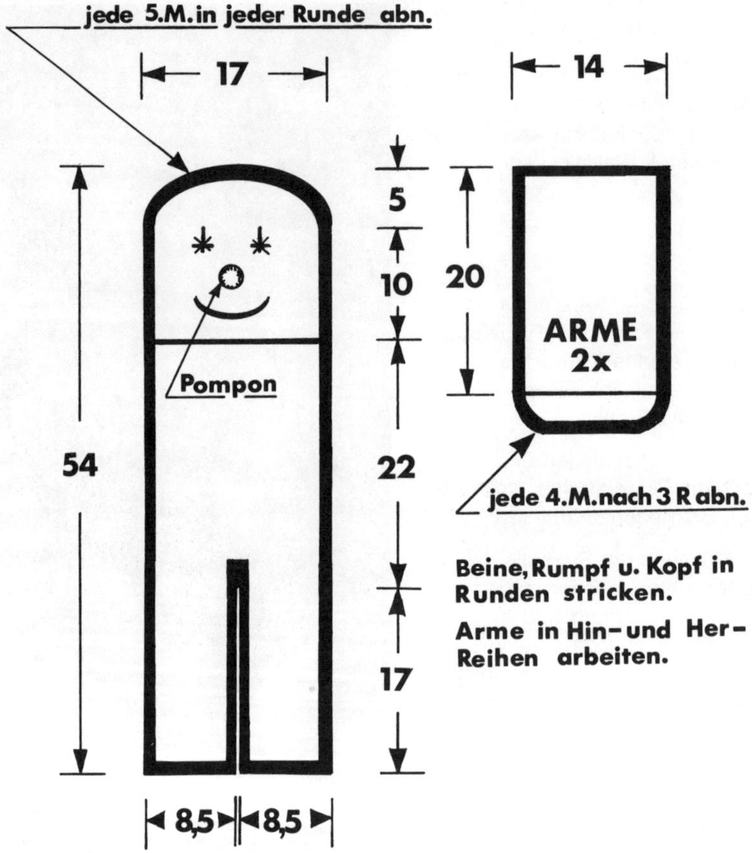

Löcher im Gestrick

Löcher im Gestrickten machen nicht immer Freude, besonders wenn sie gestopft werden müssen. Wie man aber Löcher macht, die Freude bereiten, das wird jetzt erklärt.

Lochmuster

Die beabsichtigten Löcher ergeben je nach ihrer Anordnung reizvolle Muster, ein paar habt ihr ja schon in den vorhergehenden Kapiteln kennengelernt.
Also noch einmal: Ein Loch entsteht dadurch, daß man an der gewünschten Stelle einen oder mehrere Umschläge macht und dann den Umschlag nicht verdreht abstrickt, sondern offen.
Damit nun unser Lochmuster-Modell nicht zu groß wird, müssen in jeder Reihe genausoviele Maschen abgenommen werden, wie Umschläge gemacht wurden. Meist arbeitet man gleich nach jedem Umschlag eine Abnahme, das heißt, man strickt die beiden folgenden Maschen zusammen.

Die links abgebildeten einfachen Lochmuster entstehen so:
Der Maschenanschlag für das erste Muster muß durch 9 teilbar sein.
1. Reihe: + 1 Umschlag, 2 Maschen rechts verschränkt zusammenstricken, 7 Maschen rechts +; von + bis + wiederholen.
2. Reihe: alle Maschen und Umschläge offen links stricken.
3. und jede 2. folgende Reihe: wie die 1. Reihe, jedoch verschiebt sich der Umschlag jeweils um 1 Masche nach links. Man beginnt also die 3. Reihe mit 1 Masche rechts, die 5. mit 2 Maschen rechts usw.
Alle Zwischenreihen wie die 2. Reihe stricken.

Das zweite Lochmuster versucht jetzt einmal nach folgender Strickschrift zu arbeiten.

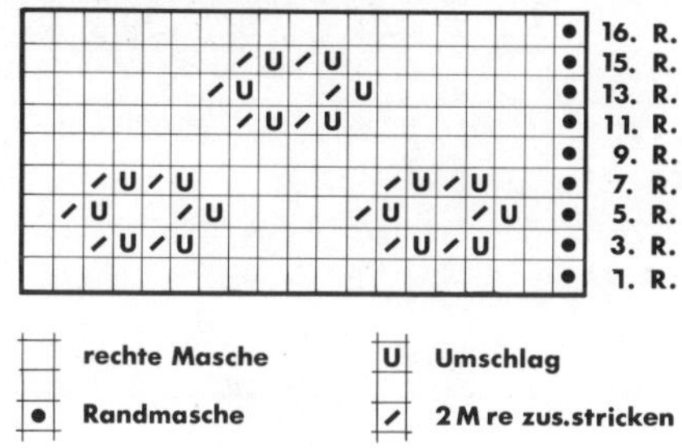

Goldiger Lochmuster-Pullover

Größe 38

Material
Esslinger-Wolle »Gold und Silber«, 380 g gold; Schnellstricknadeln Nr. 3½, Rundstricknadel Nr. 3½.

Muster
Phantasiemuster entsprechend der Strickschrift, die Borten und Blenden in 2 Maschen rechts und 2 Maschen links im Wechsel.

Maschenprobe
2 Musterrapporte (= 30 Maschen) in der Breite = 12 cm und 3 Mustersätze (= 30

Reihen) in der Höhe (ungedehnt) = 10,5 cm.

Ausführung

Rücken: 154 Maschen anschlagen, 3 cm Borte stricken, dann 34 cm im Grundmuster arbeiten. Beiderseits Raglanschrägungen wie folgt ausführen: in jeder 2. Reihe je 1 Masche abnehmen, insgesamt 72mal. Die restlichen Maschen abketten.

Vorderteil: 154 Maschen anschlagen, 3 cm Borte stricken, dann 34 cm im Grundmuster arbeiten. Beiderseits mit der Raglanschrägung wie beim Rückenteil verfahren. Bei 48,5 cm Gesamthöhe Arbeit teilen, für den Ausschnitt beide Teile getrennt fertigstellen. Dafür am Innenrand in jeder 2. Reihe 1 Masche abnehmen, insgesamt 27mal.

Ärmel: 84 Maschen anschlagen, 7 cm Borte stricken, dann im Grundmuster arbeiten. Beiderseits in jeder 4. Reihe je 1 Masche zunehmen, insgesamt 32mal. Für die Raglanschrägung wie folgt abnehmen: Linke Seite in jeder 2. Reihe je 1 Masche, insgesamt 30mal, dann in jeder 4. Reihe je 1 Masche, insgesamt 10mal abnehmen. Danach 10 Maschen abketten, anschließend in jeder 2. Reihe 5 Maschen, insgesamt 2mal, dann 1mal 3 Maschen und je 15mal 1 Masche abnehmen.

Gleichzeitig die Abnahmen des rechten Randes vornehmen: in jeder 2. Reihe je 1 Masche, insgesamt 60mal, und in jeder 4. Reihe je 1 Masche, insgesamt 6mal abnehmen. Den zweiten Ärmel gegengleich arbeiten.

Fertigstellung

Ärmel einsetzen, Seiten- und Ärmelnähte schließen. Aus dem Halsausschnitt mit der

Goldiger Lochmuster-Pullover

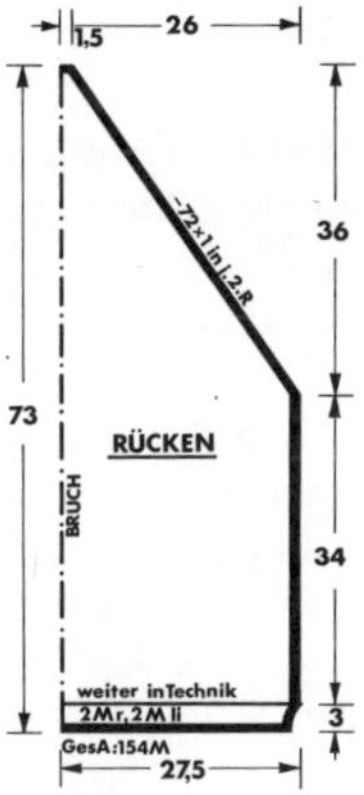

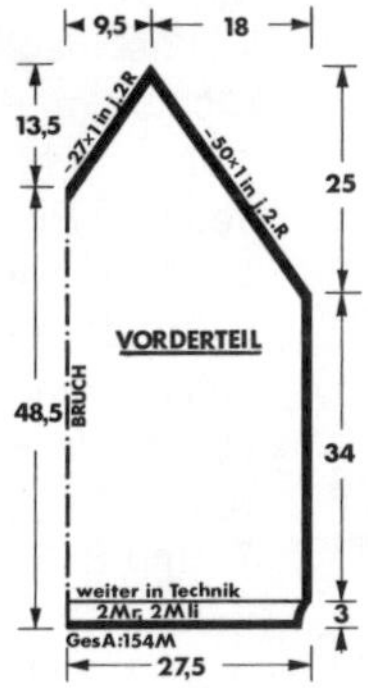

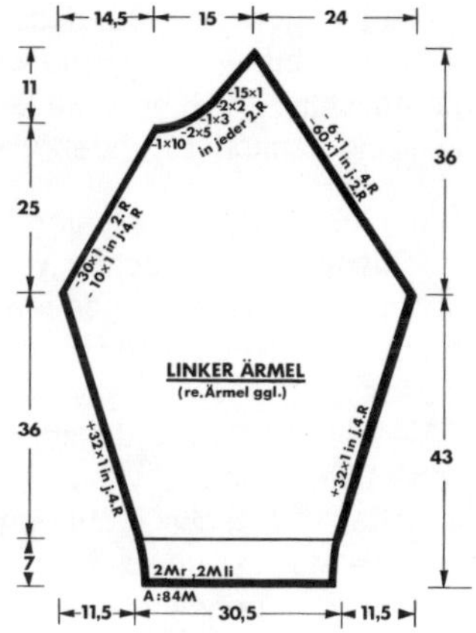

Strickschrift

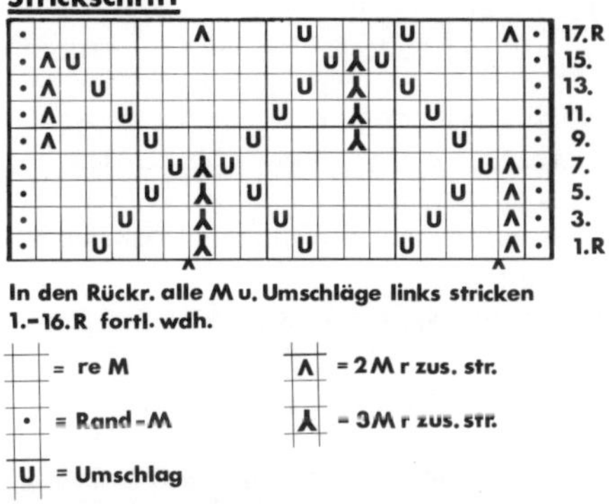

Rundnadel ca. 170 Maschen aufnehmen und im Blendenmuster 10 Reihen stricken. Maschen im Maschenrhythmus abketten. Blende in der vorderen Mitte übereinander legen und anheften.

Strandrock mit Bikini

Material

Schachenmayr-Wolle »Nomotta Cherie«, 550 g hellrosa; Rundstricknadel Nr. 4, 100 cm lang und 200 cm lang.

Muster

Phantasiemuster laut Arbeitsanleitung, im Bündchen 1 Masche rechts und 1 Masche links im Wechsel.

Ausführung

Mit der kleineren Rundstricknadel 180 Maschen anschlagen und 8 Runden im Bundmuster stricken, dabei in der 4. Runde den Kordeldurchzug für die Taille wie folgt stricken: + 1 Umschlag, 2 Maschen rechts zusammenstricken, 1 Masche rechts, 1 Masche links +; von + bis + fortlaufend wiederholen.

Nach 8 Runden im Muster I 20 Runden stricken:

1. Runde: + 4 Maschen rechts, ++ 1 Umschlag, 1 Masche abheben, 1 Masche rechts, die abgehobene Masche überziehen ++; von ++ bis ++ noch 4mal wiederholen. Ab + fortlaufend wiederholen.
Alle geraden Runden, wie 2., 4., 6. usw. rechts stricken, die Umschläge auch offen rechts abstricken.

3. Runde: + 6 Maschen rechts, ++ 1 Umschlag, 1 Masche abheben, 1 Masche rechts, die abgehobene Masche überziehen ++; von ++ bis ++ noch 3mal wiederholen. Ab + fortlaufend wiederholen.
5. Runde: + 8 Maschen rechts, ++ 1 Umschlag, 1 Masche abheben, 1 Masche rechts, die abgehobene Masche überziehen ++; von ++ bis ++ noch 2mal wiederholen. Ab + fortlaufend wiederholen.
7. Runde: + 10 Maschen rechts, ++ 1 Umschlag, 1 Masche abheben, 1 Masche rechts, die abgehobene Masche überziehen ++; von ++ bis ++ noch 1mal wiederholen. Ab + fortlaufend wiederholen.
9. Runde: + 12 Maschen rechts, 1 Umschlag, 1 Masche abheben, 1 Masche rechts, die abgehobene Masche überziehen. Ab + fortlaufend wiederholen.
11.–20. Runde wie die 1. bis 10. Runde stricken, dabei die Muster 1mal versetzen.
Jetzt 10 Runden glatt rechts stricken, dabei in der 1. Runde wie folgt zunehmen: + 10 Maschen rechts, 1 Masche aus dem Querfaden zunehmen, 1 Masche rechts, 1 Masche aus dem Querfaden zunehmen +; von + bis + fortlaufend wiederholen.
In der 3. Runde + 12 Maschen rechts, 1 Masche zunehmen, wie oben beschrieben, 1 Masche rechts, 1 Masche zunehmen +; von + bis + fortlaufend wiederholen.
So noch einmal in der 5. Runde zunehmen.
14 Runden im Muster II stricken:
1. Runde: rechts.
2. Runde: links.
3. Runde: rechts.
4. Runde: rechts.
5. Runde: + 1 Umschlag, 2 Maschen rechts zusammenstricken +; von + bis + fortlaufend wiederholen.
6. Runde: rechts.

7. Runde: rechts.
8. Runde: links.
3.–8. Runde noch 1mal wiederholen.
6 Runden im Anschluß rechts stricken, dabei in der 2. und 4. Runde zunehmen wie oben beschrieben.

Im Muster III 32 Runden stricken:
1. Runde: + 5 Maschen rechts, 1 Umschlag, 1 Masche abheben, 2 Maschen rechts zusammenstricken und die abgehobene Masche überziehen, 1 Umschlag +; von + bis + fortlaufend wiederholen.
In der 2. und jeder weiteren geraden Runde alle Maschen, auch die Umschläge rechts stricken.
3. Runde: + Umschlag, 1 Masche abheben, 1 Masche rechts stricken und die abgehobene Masche überziehen, 1 Masche rechts, 2 Maschen rechts zusammenstricken, 1 Umschlag, 3 Maschen rechts +; von + bis + fortlaufend wiederholen.
5. Runde: 1 Masche rechts, + 1 Umschlag, 1 Masche abheben, 2 Maschen rechts zusammenstricken und die abgehobene Masche überziehen, 1 Umschlag, 5 Maschen rechts +; von + bis + fortlaufend wiederholen.
7. Runde: 4 Maschen rechts, + 1 Umschlag, 1 Masche abheben, 1 Masche rechts und die abgehobene Masche überziehen, 1 Masche rechts, 2 Maschen rechts zusammenstricken, 1 Umschlag, 4 Maschen rechts +; von + bis + fortlaufend wiederholen.
8. Runde: alle Maschen, auch die Umschläge rechts stricken. 1.–8. Runde noch 3mal wiederholen.
Nun 4 Runden rechts stricken, dabei in der 4. Runde nochmals zunehmen wie folgt: + 30 Maschen rechts, 1 Masche aus dem Querfaden zunehmen, 1 Masche rechts, 1 Masche aus dem Querfaden zunehmen +; von + bis + fortlaufend wiederholen.
Im Anschluß 14 Runden im Muster II stricken und danach 4 Runden glatt rechts.

Dann 16 Runden im Muster IV stricken:
1. Runde: + 4 Maschen rechts, 1 Umschlag, 1 Masche abheben, 1 Masche rechts und die abgehobene Masche überziehen, 1 Umschlag, 1 Masche abheben, 1 Masche rechts und die abgehobene Masche überziehen, 1 Umschlag, 1 Masche abheben, 1 Masche rechts und die abgehobene Masche überziehen, 1 Umschlag, 1 Masche abheben, 1 Masche rechts und die abgehobene Masche überziehen +; von + bis + fortlaufend wiederholen.
2. und alle geraden Runden rechts stricken, auch die Umschläge.
3. Runde: 5 Maschen rechts, + 1 Umschlag, 1 Masche abheben, 1 Masche rechts und die abgehobene Masche überziehen, 1 Umschlag, 1 Masche abheben, 1 Masche rechts und die abgehobene Masche überziehen, 1 Umschlag, 1 Masche abheben, 1 Masche rechts und die abgehobene Masche überziehen, 6 Maschen rechts +; von + bis + fortlaufend wiederholen.
5. Runde: 8 Maschen rechts, + 1 Umschlag, 1 Masche abheben, 1 Masche rechts und die abgehobene Masche überziehen, 1 Umschlag, 1 Masche abheben, 1 Masche rechts und die abgehobene Masche überziehen, 8 Maschen rechts +; von + bis + fortlaufend wiederholen.
7. Runde: 10 Maschen rechts, + 1 Umschlag, 1 Masche abheben, 1 Masche rechts und die abgehobene Masche überziehen, 10 Maschen rechts +; von + bis + fortlaufend wiederholen.
9.–16. Runde: wie die 1. bis 8. Runde, jedoch das Muster versetzen. Die 9. Runde beginnt also mit 1 Randmasche, dann 3mal 1 Umschlag, 1 Masche abheben, 1 Masche rechts und die abgehobene Masche überziehen, 4 Maschen rechts usw.
Jetzt 50 Runden im Muster V stricken:
1.–4. Runde: rechts.
5. Runde: + 1 Umschlag, 2 Maschen rechts zusammenstricken, 2 Maschen rechts +; von + bis + fortlaufend wiederholen.
6. Runde: rechts, auch die Umschläge.
7. und 8. Runde: rechts.
9. Runde: 2 Maschen rechts, + 1 Umschlag, 2 Maschen rechts zusammenstrikken, 2 Maschen rechts +; von + bis + fortlaufend wiederholen.
10. Runde: rechts, auch die Umschläge.
3.–10. Runde fortlaufend wiederholen.

Noch 32 Runden im Muster VI stricken:
1. Runde: 3 Maschen rechts, 3 Maschen links im Wechsel.
2. Runde: Maschen stricken, wie sie erscheinen.
3. Runde: wie die 1. Runde.
4. Runde: + 3 Maschen links, 1 Umschlag, 1 Masche links abheben. 2 Maschen rechts verdreht zusammenstricken und die abgehobene Masche überziehen, 1 Umschlag +; von + bis + fortlaufend wiederholen.
5. Runde: + 3 Maschen links, 3 Maschen rechts im Wechsel.
6. Runde: Maschen stricken, wie sie erscheinen.
7. Runde: wie die 5. Runde.
8. Runde: + 1 Umschlag, 1 Masche links abheben, 2 Maschen rechts verdreht zusammenstricken und die abgehobene Masche überziehen, 1 Umschlag, 3 Maschen links +; von + bis + wiederholen.
1.–8. Runde fortlaufend wiederholen.

Als Abschluß 1 Runde links, 1 Runde rechts, 1 Runde links stricken. Maschen locker abketten.
Eine Kordel aus 6 Fäden fertigen, Länge ca. 150 cm, drehen und durch die Lochreihe im Taillenbund ziehen.

Bikini

Größe 36/38

Material
Schachenmayr-Wolle »Nomotta Cherie«, 100 g dunkelrosa; Schnellstricknadeln Nr. 3½, Häkelnadel Nr. 3½; Gummiband.

Muster
Kraus rechts, glatt rechts und Lochmuster.

Maschenprobe
26 Maschen x 36 Reihen = 10 cm^2.

Ausführung Hose
Rückenteil: 20 Maschen anschlagen, glatt rechts stricken, beiderseitig in jeder 2. Reihe je 1 Masche zunehmen, insgesamt 18mal, danach 26mal in jeder Reihe je 1 Masche zunehmen, noch 1mal je 8 Maschen an den Seiten. 3 cm stricken = 108 Maschen, dann über die ganze Reihe folgendes Lochmuster stricken: + 1 Umschlag, 2 Maschen rechts zusammenstrikken, 3 Maschen rechts +; von + bis + fortlaufend wiederholen. 1 Reihe links als Bruchreihe und noch 1 cm glatt rechts stricken. Maschen locker abketten.

Strandrock mit Bikini

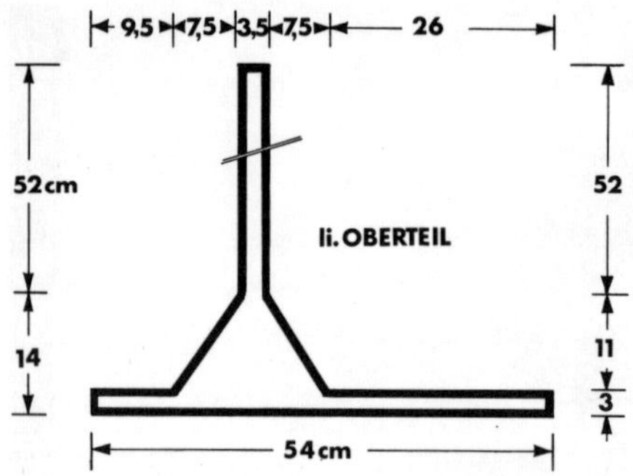

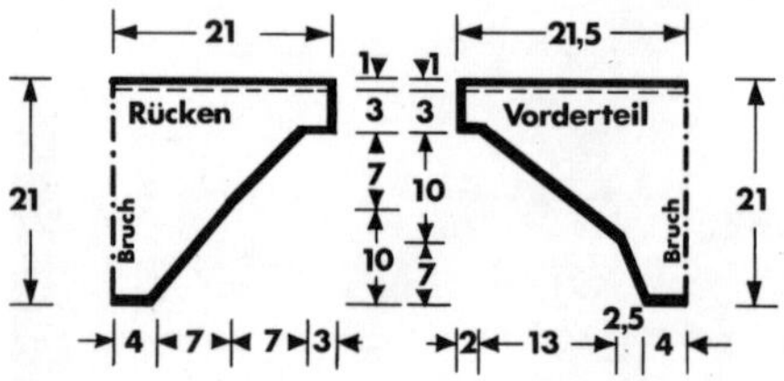

Vorderteil: 20 Maschen anschlagen, beiderseitig in jeder 4. Reihe je 1 Masche zunehmen, insgesamt 6mal, dann 36mal in jeder Reihe je 1 Masche zunehmen und noch 1mal je 4 Maschen an den Seiten = 112 Maschen. 3 cm stricken, dann 1 Reihe Lochmuster wie beim Rücken, 1 linke Reihe als Bruchreihe und noch 1 cm glatt rechts. Maschen locker abketten.

Fertigstellung
Seiten- und Zwickelnaht schließen. Für den Gummidurchzug obere Kante 1 cm säumen und Gummiband durchziehen.

Ausführung Oberteil
Linke Seite: 140 Maschen anschlagen. 3 cm kraus stricken, an der rechten Seite für das Verschlußband 66 Maschen und an der linken Seite für den Mittelsteg 25 Maschen abketten. Über den mittleren 49 Maschen weiterarbeiten, dabei beiderseits in jeder 2. Reihe je 1 Masche abnehmen, insgesamt 20mal. Gleichzeitig in dieses Dreieck ein Lochmuster einstricken:

1. Reihe: + 1 Umschlag, 2 Maschen rechts zusammenstricken +; von + bis + fortlaufend wiederholen.
2. Reihe: links.
3. Reihe: 1 Masche rechts, + 1 Umschlag, 2 Maschen rechts zusammenstricken, 1 Umschlag, 2 Maschen rechts +; von + bis + fortlaufend wiederholen.
4. Reihe: links.
5. Reihe: 2 Maschen rechts, + 1 Umschlag, 2 Maschen rechts zusammenstricken, 2 Maschen rechts +; von + bis + fortlaufend wiederholen.
6. Reihe: links.

Dieses Muster jeweils 2 Maschen vom Rand entfernt, im Abstand von 4 Reihen einstricken.
Über den restlichen 9 Maschen noch 52 cm kraus rechts stricken.
Das zweite Teil gegengleich arbeiten.
Vordere Bänder verknoten.

Sommerpulli mit Mütze

Größe 38

Material
Junghans-Wolle »Sommerfreude«, 150 g zimt; Stricknadeln Nr. 2 und 3

Muster
Lochmuster nach Strickschrift; die Ränder kraus rechts mit den dünneren Nadeln arbeiten.

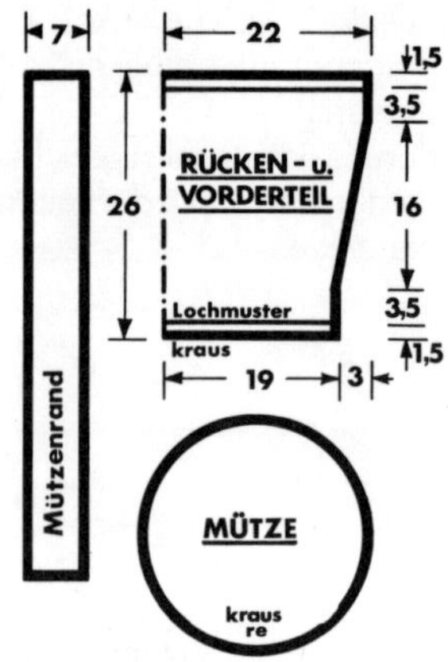

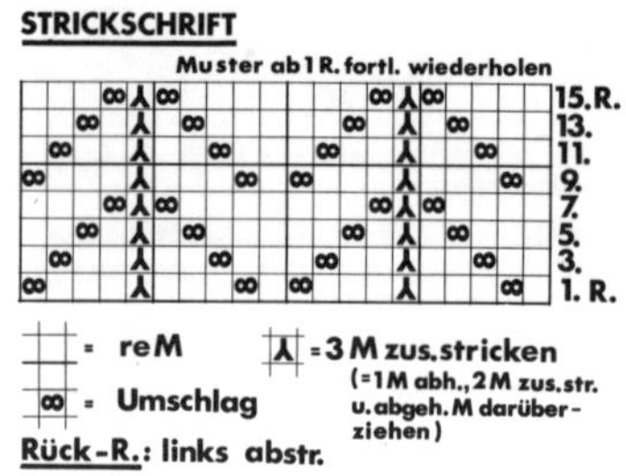

Maschenprobe
Im Lochmuster 26 Maschen x 37 Reihen = 10 cm^2.

Ausführung
Rücken und Vorderteil: Je 89 Maschen anschlagen und 1,5 cm kraus stricken, dann im Muster weiterarbeiten. Nach 5 cm ab Anschlag beidseitig in jeder 10. Reihe je 1 Masche zunehmen, insgesamt 7mal = 103 Maschen. Dann noch 3,5 cm das Lochmuster gerade hocharbeiten und 1,5 cm kraus rechts anschließen. Maschen abketten.

Fertigstellung
Seitennähte schließen. Für die Träger Kordeln drehen und annähen. Am unteren Rand Fransen einknüpfen.

Mütze

Papierschnittmuster entsprechend der Kopfgröße herstellen. Wenige Maschen anschlagen, kraus rechts stricken, der Kreisform folgend rechts und links bis zur Kreishälfte regelmäßig zunehmen. Anschließend im gleichen Rhythmus abnehmen. In kraus rechts einen 7 cm breiten Streifen stricken. Die Länge richtet sich nach dem Umfang der Mützenscheibe. Rand und Mütze aneinandernähen.

Sommerpulli mit Mütze

Geräumige Badetasche

Material

Schürer-Kunstseidenhäkelgarn »Osiris«, 6 Knäuel natur; Stricknadeln Nr. 2½, Häkelnadel Nr. 2½; durchsichtige Folie zum Abfüttern, ca. 100 x 50 cm groß; 50 cm langen, farblich passenden Reißverschluß.

Muster

Lochmuster nach Strickschrift, Trageband häkeln.

Ausführung

179 Maschen anschlagen und nach Strickschrift ein ca. 82 cm langes und 90 cm breites Stück herstellen. Von links leicht spannen und dämpfen. Eine Tasche aus der Folie nähen: zwei runde Seitenteile, 25 cm Ø, in einen 50 cm langen und 75 cm breiten Streifen einsetzen.

Strickstück darüberlegen und den Reißverschluß einnähen. An den Seiten die überstehenden Teile einreihen und zum Volant zusammenziehen.

Trageband aus 10 festen Maschen, in der Runde gehäkelt, bis zur gewünschten Länge arbeiten. Band an beiden Seiten des Strickstücks anbinden.

Geräumige Badetasche

STRICKSCHRIFT

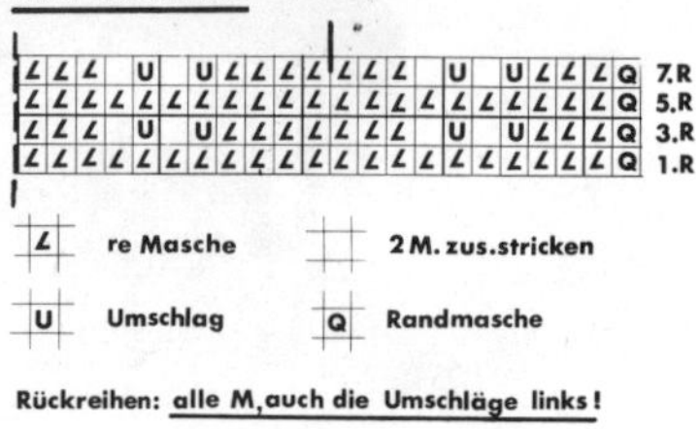

Gestrickte Hängematte

Größe ca. 60 x 180 cm

Material

Bela-Topflappengarn, 22 Knäuel in Apfelgrün; Stricknadeln Nr. 12, Häkelnadel Nr. 5; 2 Holzstäbe.

Muster

Kraus rechts, Lochmuster nach Arbeitsanleitung und Blütenmotiv nach Strickschrift.

Ausführung

Es wird mit doppeltem Faden gearbeitet. Man beginnt mit 60 Maschen und strickt zuerst 15 Reihen kraus rechts.

Dann nimmt man die Anschlagmaschen auf und strickt sie mit der jeweiligen Masche der nächsten Reihe zusammen, so daß sich ein Saum bildet.

Jetzt werden 60 cm wie folgt gearbeitet:

1.–3. Reihe: rechte Maschen.

4. Reihe: linke Maschen.

5. Reihe: 1 Randmasche, + 1 Umschlag, 2 Maschen rechts zusammenstricken +; von + bis + fortlaufend wiederholen, 1 Randmasche.

6. Reihe: Maschen und Umschläge links stricken.

1.–6. Reihe fortlaufend wiederholen.

Nun strickt man die Blüte nach Zählmuster ein. Die leeren Kästchen erscheinen als rechte Maschen, die Punkte als linke Maschen. Beidseitig der Blüte wird das Lochmuster weitergeführt.

Danach folgen wieder 60 cm im Lochmuster.

Für den Saum noch 15 Reihen kraus rechts stricken, Maschen locker abketten und den Saum umnähen.

Fertigstellung

Die Ränder mit 2 Reihen fester Maschen umhäkeln. Aus je 1 m langen doppelten Fäden Kordeln drehen, diese in jede 2. fe-

STRICKSCHRIFT

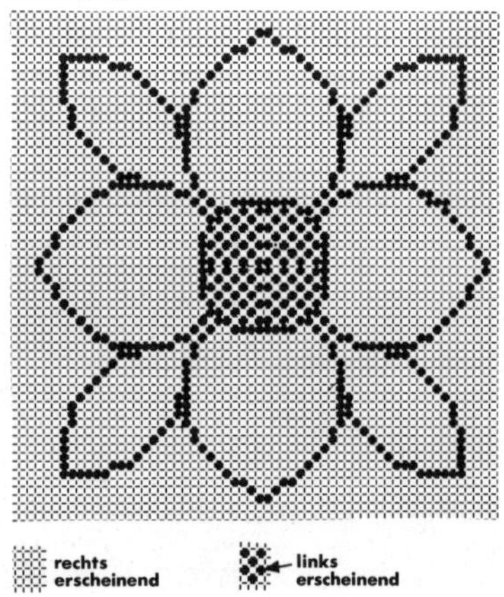

ste Masche einhängen und je 4 Kordeln nach ca. 14 cm miteinander verknoten, gleichmäßig abschneiden. Für die Aufhängung 4 Kordeln aus je 12 Fäden (je 6 m lang) drehen.

Pulli mit geometrischen Motiven

Größe 36

Material
Gebrasa-Wolle »Ouvertüre«, 350 g hellgrün, 100 g dunkelgrün, je 50 g blau, gelb, orange; Schnellstricknadeln Nr. 3½, Häkelnadel Nr. 3½.

Muster
Glatt rechts, 1 Masche rechts und 1 Masche links im Wechsel, den Pullover selbst im Lochmuster nach Strickschrift.

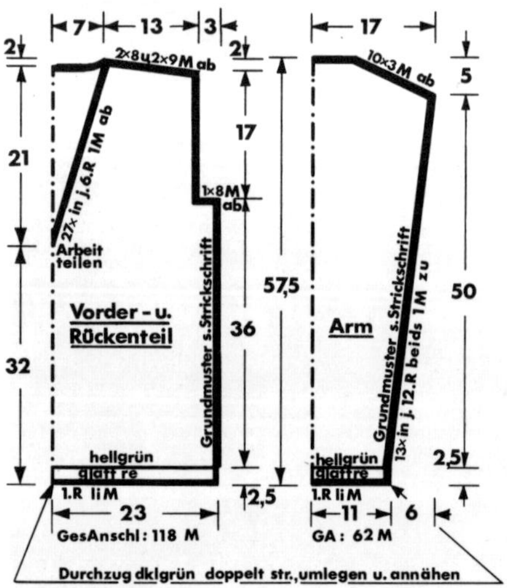

STRICKSCHRIFT

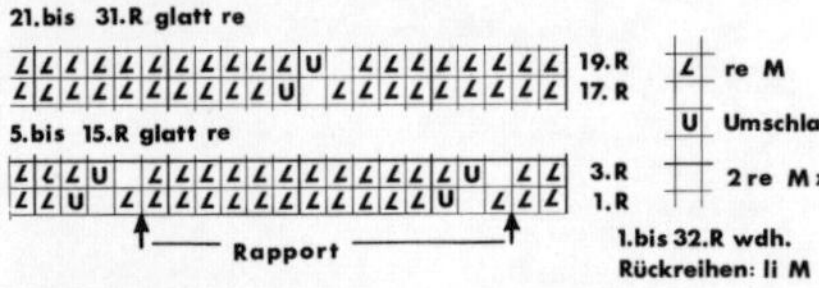

Ausführung
Rückenteil: 118 Maschen in Dunkelgrün anschlagen, glatt rechts 2,5 cm stricken, 1 Reihe linke Maschen als Bruchkante arbeiten und weitere 2,5 cm glatt rechts anschließen. Dann in Hellgrün fortfahren nach Strickschrift. Nach 36 cm beiderseits je 8 Maschen abketten. Weitere 17 cm hochstricken, dann die mittleren 34 Maschen abketten und die Schulterschrägung getrennt fertigstellen, indem in jeder 2. Reihe 2mal je 8 und 2mal je 9 Maschen abgekettet werden.

Vorderteil: Wie den Rücken stricken, jedoch nach 29,5 cm die Arbeit für den V-Ausschnitt teilen. Beide Seiten getrennt fertigstellen. An den Innenseiten in jeder 6. Reihe 1 Masche abnehmen, insgesamt 27mal.

Ärmel: In Dunkelgrün 62 Maschen anschlagen, glatt rechts 2,5 cm arbeiten, 1 Reihe linke Maschen als Bruchkante, weitere 2,5 cm glatt rechts stricken. Dann in Hellgrün und im Lochmuster weiterarbeiten. Dabei an beiden Seiten in jeder 12. Reihe je 1 Masche zunehmen, insgesamt 13mal. Nach 50 cm beiderseits in jeder 2. Reihe 3 Maschen abketten, insgesamt 10mal; die restlichen Maschen abketten. Den zweiten Ärmel ebenso stricken.

Fertigstellung
Alle Nähte schließen, jedoch an der oberen Ärmelnaht 3 cm offen lassen und diese 3 cm im Vorderteil einnähen. Am Halsausschnitt in Dunkelgrün 155 Maschen auffassen und 8 Reihen 1 Masche rechts und 1 Masche links im Wechsel stricken, jedoch darauf achten, daß in die Spitze des V-Ausschnitts 1 rechte Masche trifft und vor und nach dieser rechten Masche in jeder 2. Reihe 2 Maschen zusammengestrickt werden. Maschen abketten, wie sie erscheinen.
Die Durchzugbänder für Ärmel und Bund werden gehäkelt. Je Band 5 Luftmaschen anschlagen und für die Kanten je 3 Wendeluftmaschen. In jeder Reihe 5 Stäbchen häkeln, bis zu einer Länge von 35 cm für die Ärmel und 140 cm für den Bund. Bänder durchziehen.

Motive
4 verschiedene Motive in jeder Farbe 2mal wie folgt häkeln:
1. Reihe: 4 Luftmaschen zum Ring schließen.
2. Reihe: 16 Stäbchen in den Ring häkeln.
3. Reihe: in jedem 2. Stäbchen der Vorreihe 2 Stäbchen arbeiten = 24 Stäbchen.
4. Reihe: wie Reihe 3 arbeiten = 36 Stäbchen.

1. Reihe: 14 Luftmaschen und 6 Wendeluftmaschen.
2. Reihe: 14 Stäbchen.
3. Reihe: 12 Stäbchen, das erste und letzte Stäbchen stehenlassen.
4. Reihe: 10 Stäbchen auch in den folgenden Reihen.
5. Reihe: 8 Stäbchen.
6. Reihe: 6 Stäbchen.
7. Reihe: 4 Stäbchen.
8. Reihe: 2 Stäbchen.

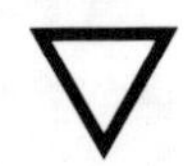

8 Luftmaschen und 6 Wendeluftmaschen.
7 Reihen mit je 8 Stäbchen häkeln.

14 Luftmaschen und 6 Wendeluftmaschen.
7 Reihen mit je 14 Stäbchen häkeln.

Die Motive über den ganzen Pullover verteilt annähen.

Krawatte
Mit 26 Luftmaschen beginnen und zum Ring schließen.
Auf diesen Luftmaschen je ein Stäbchen häkeln. In der nächsten und allen weiteren Runden + 1 Stäbchen, 1 Luftmasche (1 Stäbchen der Vorreihe übergehen) +; von + bis + fortlaufend wiederholen.
Nach 105 cm noch 1 Runde Stäbchen häkeln und die Krawatte an beiden Seiten zunähen.

Pulli mit geometrischen Motiven

Halsausschnitte, Kragen, Ärmel

In den vorhergehenden Kapiteln mit den dazu gehörenden Modellen habt ihr schon so viele Tips und Tricks verraten bekommen, daß ihr euch nun eigentlich an die Verwirklichung eigener Modellideen herantrauen könnt.
Zuerst sucht ihr euch von einem beliebigen Modell einen Grundschnitt, der eurer Größe entspricht, und übertragt diesen auf Packpapier.
Dann macht ihr eine Maschenprobe, um ausrechnen zu können, wie viele Maschen angeschlagen werden müssen.

Halsausschnittformen

Der Halsausschnitt ist dann das nächste, was ihr in euren Schnitt einzeichnet. Es gibt verschiedene Möglichkeiten.

Der *runde Halsausschnitt* umschließt die untere Halskante. In eurem Gestrick kettet ihr in der entsprechenden Höhe in der Mitte ein Drittel der Maschen, die für den ganzen Ausschnitt vorgesehen sind, ab und strickt rechts und links mit gleichmäßigen Abnahmen die Seitenteile getrennt fertig. Wie viele Maschen wo abgenommen werden müssen, errechnet man anhand der Maschenprobe und des originalgroßen Schnittmusters.

Größere runde oder ovale Ausschnittformen könnt ihr beliebig erfinden. Dazu schneidet ihr euren Papierschnitt in die gewünschte Form und errechnet die Strickweise wie oben beschrieben.

Der *klassische V-Ausschnitt* beginnt etwas tiefer im Pullover-Vorderteil. Wie tief er sein soll, legt ihr im Schnittmuster selber fest. Ist diese Stelle im Gestrick erreicht, dann teilt ihr die Arbeit und strickt beide Teile einzeln fertig, dabei nehmt ihr entsprechend der Ausschnittschrägung gleichmäßig ab. Die Abnahmen können direkt an der Ausschnittkante oder einige Maschen vom Rand entfernt vorgenommen werden.
Der rückwärtige Ausschnitt ist gerade oder nur leicht rund.
Die Blende am V-Ausschnitt arbeitet ihr so: Mit einer Rundnadel oder zwei Nadelspielen, je nach Größe, werden die Randmaschen aus Vorder- und Rückenteil aufgenommen. Man kann sie auch mit einer Häkelnadel herausholen. Die erste Runde wird dann glatt rechts gestrickt, wobei die Randmaschen verdreht abgestrickt werden, damit keine Löcher entstehen. Die nächste und alle anderen Runden könnt ihr im gewünschten Muster und eventuell in einer anderen Farbe stricken.
Genau an der Spitze im V-Ausschnitt markiert ihr euch eine Masche, strickt die beiden rechts und links von dieser Zentralmasche liegenden Maschen zusammen und zieht die Zentralmasche über die neue Masche. Die Zentralmasche ruht während des Vorgangs vor der Arbeit auf einer Hilfsnadel. Ob in jeder Runde oder nur in jeder zweiten Runde abgenommen werden muß, hängt von der Form der Ausschnittspitze ab.

Der *viereckige Halsausschnitt* läßt sich am einfachsten arbeiten. Ihr strickt das Vorderteil bis zur gewünschten Ausschnitthöhe. Dann kettet ihr alle Maschen der Ausschnittbreite auf einmal ab oder legt sie auf eine Hilfsnadel. Jetzt rechts und links ohne Abnahmen die Seitenteile getrennt fertigstellen. Der rückwärtige Ausschnitt kann ebenso gearbeitet werden. Sind nun Vorder- und Rückenteil fertig gestrickt und die Schulternähte geschlossen, kann die Ausschnittblende gearbeitet werden.
Hierzu werden wieder die Randmaschen und die stillgelegten Maschen auf eine Rundnadel gegeben. Die erste Runde wird glatt rechts in der Grundfarbe gestrickt, die nächste Runde kann im gewünschten Muster und in einer anderen Farbe gearbeitet werden.
Für die Ecken wird hinter einer Zentralmasche (wie beim V-Ausschnitt) in jeder zweiten Runde abgenommen.
Ist die Blende breit genug, wird locker abgekettet.

Kragenformen

Das *Stehbörtchen* entsteht, indem ihr aus dem runden Halsausschnitt die Randmaschen auf ein Nadelspiel gebt und in Runden die gewünschte Höhe in einem Rippen- oder Perlmuster arbeitet. Ist die Höhe erreicht, wird sehr locker abgekettet. Man kann das Stehbörtchen auch doppelt so hoch stricken, umschlagen und ansäumen.

Der *Rollkragen* wird ebenfalls aus dem runden Halsausschnitt herausgestrickt. Dazu nehmt ihr die Randmaschen wieder auf ein Nadelspiel und arbeitet zweimal die vordere Halslänge. Der enganliegende Rollkragen wird im Rippenmuster gestrickt, der halsferne meist glatt.
Verschiedene Kragen- und Ausschnittformen findet ihr in den folgenden Strickmodellen.

Ärmel

Der *gerade abgekettete Ärmel* ist die einfachste Variation. Nach der gewünschten Ärmellänge kettet ihr alle Maschen auf einmal gerade ab. Die Vorder- und Rückenteile zu dieser Ärmelform werden gerade hochgestrickt, ohne Abnahmen für die Armkugel.

Der *klassische Ärmel* wird bis unter die Achsel gestrickt und dann für die Armkugel gemäß der angegebenen oder eurer eigenen Schnittzeichnung abgenommen. Wenn ihr diese Ärmelform wählt, müßt ihr auch am Vorder- und Rückenteil entsprechende Abnahmen arbeiten. Hierbei sitzt die Ärmelnaht direkt auf der Schulterkugel. Seht euch das einmal genauer bei dem folgenden Quasten-Pulli an.

Der *Raglan-Ärmel* endet am Halsausschnitt. An allen vier Strickteilen (Vorderteil, Rücken, Ärmel) werden von der Achselhöhle aus gleichmäßige Abnahmen entsprechend eurem Schnittmuster gearbeitet. Nachdem alle Teile in der gleichen Weise abgeschrägt sind, bilden die restlichen Maschen die Halsausschnittkante.

Schnittveränderung fertiger Strickteile

Sind eure Gestricke in Form und Größe nicht so geworden, wie ihr euch das vorgestellt habt, dann könnt ihr sie natürlich aufribbeln und wieder von vorne anfangen. Es gibt aber auch andere Möglichkeiten, ein Strickstück zu verändern.

Zuschneiden im Gestrickten geht genauso einfach wie im Stoff. Allerdings müßt ihr die Kanten vor dem Zuschneiden mit der Nähmaschine absteppen, damit sich die Maschen nicht auflösen können. Am besten steppt ihr zwei parallel laufende Linien

Formschneiden eines Strickteils

Zick-Zack-Stich und schneidet dann zwischen den beiden Stepplinien.

Ein Teil verlängern oder verkürzen kann man, wenn man unten an der abzutrennenden Stelle einen Faden quer durch das ganze Gestrick zieht, aufschneidet und die nun frei liegenden Maschen der ganzen Reihe auf eine Stricknadel gibt.
Soll das Teil verlängert werden, wird im gewünschten Muster von hier aus angestrickt.
Soll das Teil hier gekürzt werden, wird einfach abgekettet.

Damenpullover mit V-Ausschnitt

Größe 40–42

Material
Gebrasa-Wolle »Hawaii«, 200 g grau, 150 g braun und 100 g zimt; Schnellstricknadeln Nr. 3, Rundstricknadel Nr. 3

Muster
Die Bündchen und Ausschnittblenden 1 Masche rechts und 1 Masche links im Wechsel, den Pullover in Muster I und Muster II nach Strickschrift.

Maschenprobe
22 Maschen x 30 Reihen = 10 cm^2.

Ausführung
Rückenteil: 106 Maschen in Grau anschlagen, 6 cm Bündchen arbeiten. Dann 20 cm in Braun Muster I stricken, weitere 17 cm in Grau Muster II stricken, jetzt beiderseits je 2 Maschen zunehmen und weitere 20 cm in Zimt Muster I arbeiten. Für die Schulter-

Damenpullover mit V-Ausschnitt

schrägung in jeder 2. Reihe an beiden Seiten je 4 Maschen abketten, insgesamt 3mal. Restliche Maschen abketten.

Vorderteil: Wie den Rücken arbeiten, jedoch nach 38 cm Gesamthöhe die Arbeit für den V-Ausschnitt teilen. Beide Teile getrennt fertigstellen, dabei bis zur Schulterhöhe in jeder 4. Reihe je 1 Masche abnehmen.

Ärmel: Je 50 Maschen in Grau anschlagen, 6 cm Bündchen stricken. Dann über die gesamte Breite 6 Maschen verteilt zunehmen und in Braun Muster I weiter arbeiten.

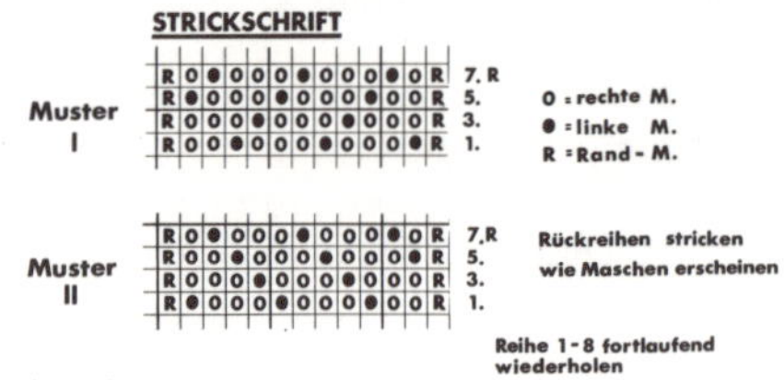

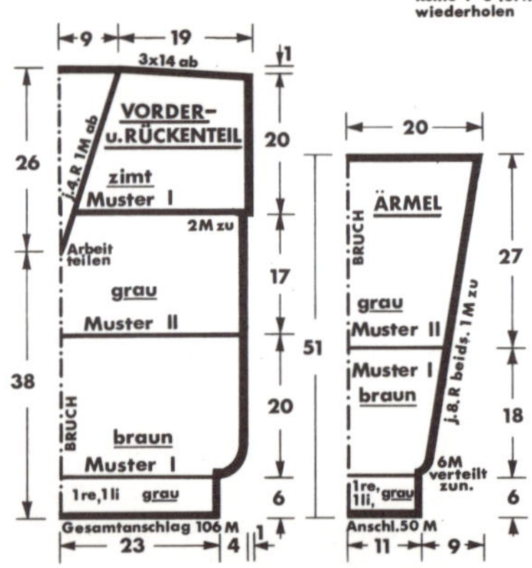

In jeder 8. Reihe an beiden Seiten 1 Masche zunehmen. Nach 18 cm in Grau und Muster II weiter bis 51 cm Gesamthöhe arbeiten, alle Maschen abketten.

Fertigstellung
Nähte schließen. Am Halsrand mit der Rundstricknadel 140 Maschen auffassen und 6 Reihen im Bündchenmuster stricken, dabei darauf achten, daß in die Mitte des V-Ausschnittes eine rechte Masche trifft und vor und nach dieser Masche in jeder 2. Reihe 2 Maschen zusammengestrickt werden; diese Zentralmasche legt ihr währenddessen vor die Arbeit und zieht sie dann über die Abnahme.

Kimono-Pullover

Größe 36–38

Material
Schachenmayr-Wolle »Nomotta Country«, 350 g blaugrau, 150 g zimt, 150 g rosa; Schnellstricknadeln Nr. 4 und Nr. 4 1/2, Nadelspiel Nr. 4.

Muster
Die Bündchen 1 Masche rechts und 1 Masche links im Wechsel, den Pullover im Grundmuster nach Arbeitsanleitung.

Maschenprobe
17 Maschen x 32 Reihen = 10 cm^2.

Ausführung
Rückenteil: Mit Nadeln Nr. 4 in Grau 68 Maschen anschlagen und 5 cm Bündchen stricken, dann mit Nadeln Nr. 4 1/2 zunächst in Grau weiter, dabei in der rechten 1. Reihe verteilt 20 Maschen zunehmen = 88 Maschen. Die 2. Reihe links, die 3. rechts und

Kimono-Pullover

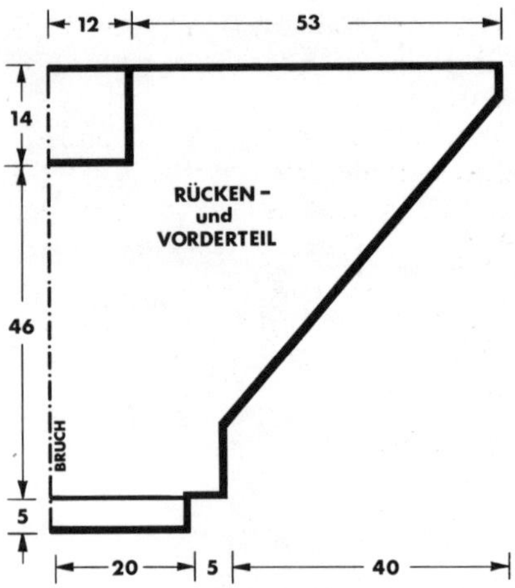

die 4. wieder links stricken. 5. Reihe: in Zimt + 3 Maschen rechts, mit der rechten Nadel in die Masche der 1. blauen Reihe einstechen, eine Schlinge hochziehen, 1 Masche rechts, die Schlinge über die rechte Masche ziehen +; von + bis + fortlaufend wiederholen.
6. Reihe: in Braun links.
7. Reihe: in Braun rechts.
8. Reihe: in Braun links. Muster in Grau aufnehmen und um 2 Maschen verschieben, danach in Rosa. So in Streifenfolge + 4 Reihen grau, 4 Reihen zimt, 4 Reihen grau, 4 Reihen rosa + arbeiten; von + bis + stets wiederholen.
Nach 15 cm Gesamthöhe in jeder 2. Reihe an beiden Seiten je 1 Masche zunehmen, insgesamt 56mal = 200 Maschen, danach 6mal in jeder 2. Reihe je 2 Maschen = 224 Maschen. Noch 5 cm gerade hochstricken, Maschen locker abketten.

Vorderteil: Bis auf den Halsausschnitt wie den Rücken stricken. Nach 51 cm Gesamthöhe die mittleren 40 Maschen abketten und beiderseits noch 14 cm stricken, dann die Maschen locker abketten.

Fertigstellung
Teile spannen, anfeuchten und trocknen lassen, Schulternähte schließen, für die Ärmelbündchen je 36 Maschen in Blau mit Nadeln Nr. 4 aufnehmen und 5 cm im Muster stricken. Maschen locker abketten. Seitennähte schließen.
Mit dem Nadelspiel in Blau aus dem Halsausschnitt Maschen für die Borte aufnehmen.
Die beiden Ecken des Halsausschnitts markieren und diese Maschen stets rechts stricken. In jeder Reihe beiderseits dieser rechten Maschen je 1 Masche abnehmen. Im Bundmuster 3 cm stricken. Maschen locker abketten.

Raglan-Blouson

Größe 40

Material
Jaeger-Wolle »Naturgarn«, 650 g beige; Patons-Wolle »Husky«, 150 g braun; Schnellstricknadeln Nr. 6 und Nr. 7; 7 Knöpfe.

Raglan-Blouson

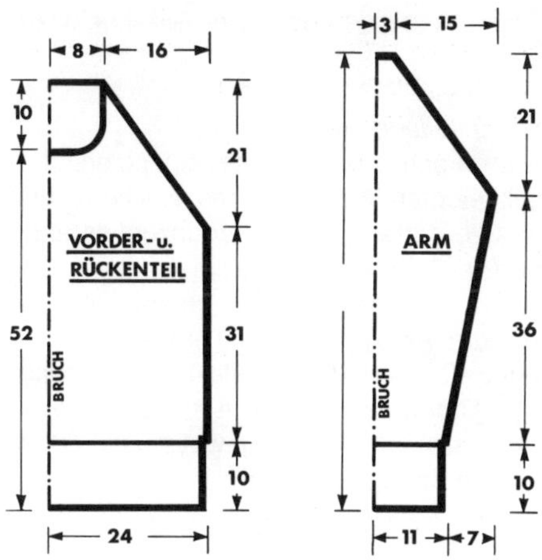

Muster
Bündchen 2 Maschen rechts und 2 Maschen links im Wechsel, den Blouson im großen Perlmuster: 1 Masche rechts und 1 Masche links im Wechsel, in der 2. Reihe die Maschen stricken, wie sie erscheinen, in der 3. Reihe das Muster versetzen.

Maschenprobe
Im Perlmuster 13 Maschen x 18 Reihen = 10 cm².

Ausführung
Rückenteil: Für den Bund mit Nadeln Nr. 6 in der Kontrastfarbe 62 Maschen anschlagen und 10 cm Bündchen stricken. Anschließend in der Hauptfarbe und Nadeln Nr. 7 im Perlmuster weiterarbeiten, bis zur Gesamtlänge von ca. 41 cm. Nun für die Raglanschräge an beiden Seiten in jeder 2. Reihe je 1 Masche abnehmen, insgesamt 21mal. Die restlichen 20 Maschen gerade abketten.

Linkes Vorderteil: Anschlag 32 Maschen mit Nadeln Nr. 6 in der Kontrastfarbe. 10 cm Bündchen stricken. Im Perlmuster mit Nadeln Nr. 7 und in der Hauptfarbe weiterarbeiten, bis zu ca. 41 cm Gesamthöhe. Nun für den Raglan wie beim Rückenteil abnehmen. Bei 52 cm Länge den Halsausschnitt arbeiten. Dafür zuerst 8 Maschen und anschließend in jeder 2. Reihe noch 1mal 2 Maschen und 1mal 1 Masche abketten.

Rechtes Vorderteil gegengleich und mit 6 Knopflöchern arbeiten (Knopfloch: 2 Maschen abketten und darüber in der nächsten Reihe 2 Maschen neu anschlagen).

Ärmel: Mit Nadeln Nr. 6 in der Kontrastfarbe 24 Maschen anschlagen und 10 cm Bündchen arbeiten. In der letzten Reihe gleichmäßig verteilt 6 Maschen zunehmen = 30 Maschen. Nun im Perlmuster mit Nadeln Nr. 7 und in der Hauptfarbe stricken, dabei beidseitig in jeder 6. Reihe je 1 Masche zunehmen, bis zu 48 Maschen. Bei ca. 46 cm Gesamtlänge den Raglan genau gleich, wie beim Rückenteil beschrieben, arbeiten. Die restlichen Maschen abketten.

Fertigstellung
Für die Raglanblenden in der Kontrastfarbe je 2 Streifen im Bündchenmuster stricken. Für vorne über je 38 Maschen, für hinten über je 42 Maschen 5 Reihen hoch.
Diese Blenden an die Raglanschräge nähen.
Nun Seiten- und Ärmelnähte schließen.
Aus dem Halsausschnitt 78 Maschen in der Kontrastfarbe auffassen, 3 cm an den Vorderkanten freilassen. Im Bündchenmuster 8 cm stricken. Die Maschen locker abketten. Das Bündchen zur Hälfte nach innen säumen.
Für die Tasche am rechten Vorderteil – 10 Maschen von der Vorderkante entfernt – aus dem Bund 20 Maschen auffassen und 32 Reihen im Bündchenmuster stricken. Maschen abketten. Die beiden Seiten der Tasche festnähen und einen Knopf aufsetzen.
Die Knöpfe annähen.

Lustiger Quasten-Pulli

Größe 36

Material
Schoeller-Wolle »Strick-Spass«, 600 g Schwarz und Reste in Grün, Gelb, Orange und Blau; Esslinger-Wolle »Geisha«, 100 g Pink; Schnellstricknadeln Nr. 5, Rundstricknadeln Nr. 5, 40 cm lang.

Muster
Kraus rechts, glatt rechts sowie Rippenmuster 2 Maschen rechts und 2 Maschen links im Wechsel.

Maschenprobe
In glatt rechts 16 Maschen x 24 Reihen = 10 cm².

Ausführung
Rückenteil: 82 Maschen anschlagen und 6 Reihen kraus rechts stricken. Um die Spitze zu erhalten, werden jetzt die 2 mittleren Maschen markiert und in jeder 2. Reihe wie folgt gearbeitet: 1 Masche

stricken, aus dem folgenden Querfaden 1 Masche herausstricken, dann weiter rechts bis zur Mitte. Die Masche vor der 1. markierten Masche abheben, die markierte Masche rechts stricken, die abgehobene Masche überziehen. Die 2. markierte Masche mit der nachfolgenden Masche rechts zusammenstricken, dann weiter rechts und vor der letzten Masche wieder 1 Masche aus dem Querfaden herausstricken.

Nach 36 cm (Seitenhöhe) für die Armausschnitte an beiden Seiten in jeder 2. Reihe 1mal je 3 Maschen, 1mal je 2 Maschen und 1mal je 1 Masche abnehmen; danach bis zur Schulterschrägung gerade hoch. Für die Schulterschrägung an beiden Seiten in jeder 2. Reihe je 2 Maschen, insgesamt 9mal abketten, die restlichen Maschen stilllegen.

Vorderteil: Wie den Rücken arbeiten, jedoch in Höhe der Armausschnitte gleichzeitig mit dem Einsatz beginnen. Der Einsatz wird in Pink mit doppeltem Faden und im Rippenmuster eingestrickt. Diese Arbeit mit mehreren Wollknäueln durchführen und beim Farbwechsel die Fäden verkreuzen, damit keine Löcher entstehen. Mit den mittleren 4 Maschen beginnen und in jeder Reihe aus beiden Seiten je 1 Masche dazustricken.

Fertigstellung

Nähte schließen, Ärmel einsetzen. Die stillgelegten Maschen des Rückens und des Vorderteils auf die Rundnadel nehmen und in Pink weitere 20 cm stricken. Maschen im Maschenrhythmus abketten.

An die Ärmel- und Spitzenkante kleine bunte Quasten aus jeweils 6 ca. 20 cm langen Fäden einknüpfen. Auf das Vorderteil ebenfalls Quasten aus jeweils 6 ca. 16 cm langen Fäden aufnähen.

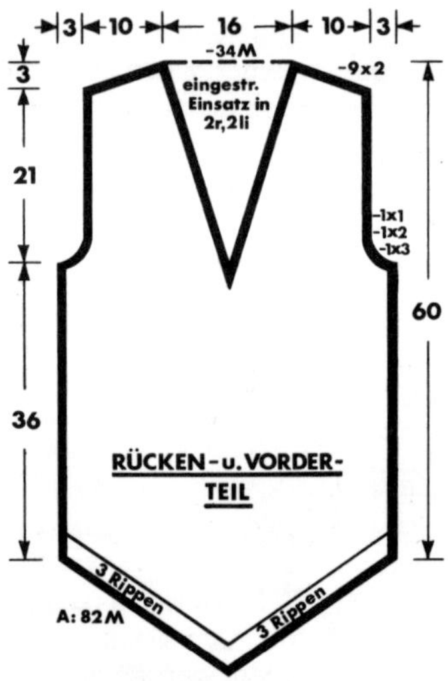

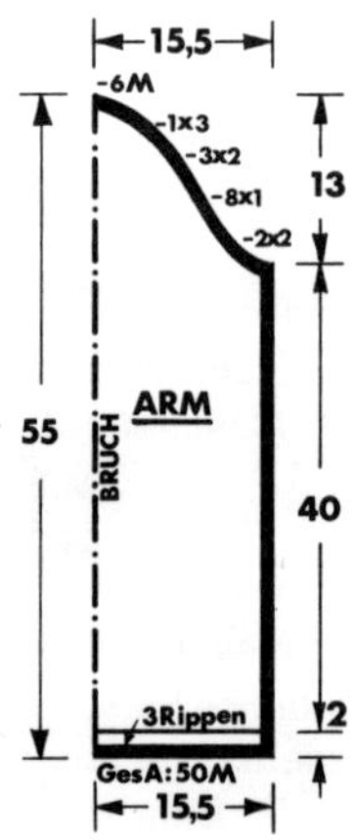

Lustiger Quasten-Pulli

Knopflöcher, Knöpfe, Taschen

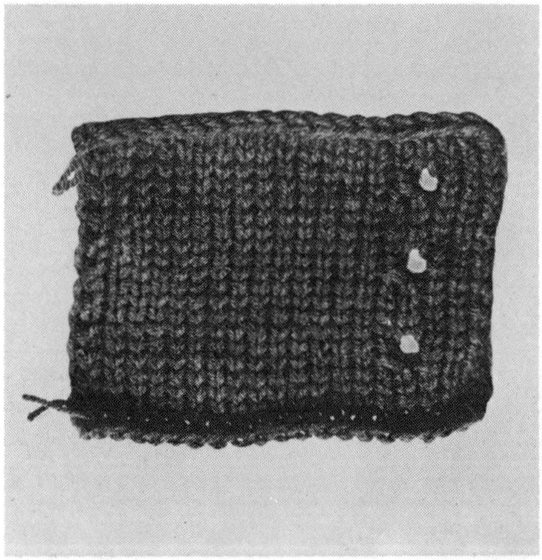

Runde, kleine Knopflöcher

Waagerechte Knopflöcher

Senkrechte Knopflöcher

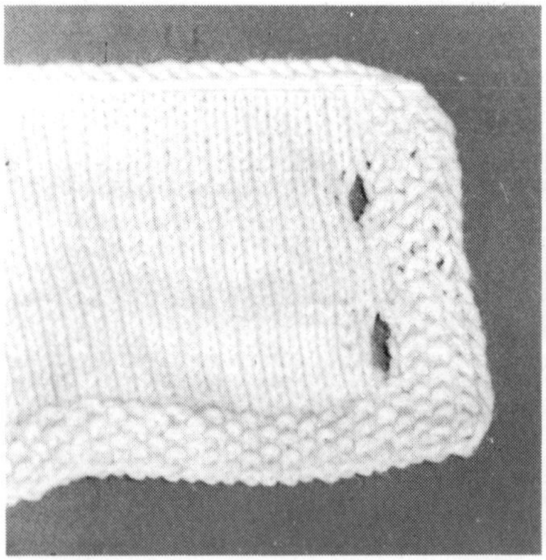

Knopflochösen

Wenn ihr eigene Modellideen verwirklichen wollt, dann solltet ihr auch wissen, wie man Knopflöcher und Taschen strickt.

Knopflöcher

Runde Knopflöcher für kleine Kugelknöpfe werden wie einfache Löcher gearbeitet: an der gewünschten Stelle einen Umschlag machen und die beiden nächsten Maschen zusammenstricken. In der folgenden Reihe den Umschlag nicht verdreht, sondern offen abstricken.

Waagerechte Knopflöcher lassen sich ganz einfach arbeiten. An der gewünschten Stelle werden einige Maschen – entsprechend der Knopfbreite – abgekettet und dann in der nächsten Reihe die gleiche Maschenzahl wieder angeschlagen.

Senkrechte Knopflöcher sind etwas umständlicher zu arbeiten. Hierfür wird die Arbeit an der gewünschten Stelle geteilt und rechts und links jede Seite bis zur nötigen Knopflochhöhe getrennt gestrickt. Danach werden die Maschen wieder über die gesamte Breite abgestrickt.

Knopflochösen arbeitet man immer dann, wenn die Kanten des Strickstücks sich nicht überlappen sollen, oder wenn man vergessen hat, die Knopflöcher rechtzeitig einzuarbeiten. An der gewünschten Stelle werden einige Fäden im Halbkreis eingenäht, und über diese Fäden wird dann der Knopflochstich gestickt. Wer das nicht recht kann, der behäkelt die Öse mit festen Maschen.

Knöpfe und Reißverschlüsse

Knöpfe könnt ihr euch selber in der zum Strickstück passenden Wolle häkeln.
Dazu bildet ihr mit dem Arbeitsfaden eine doppelte Schlinge und behäkelt diese Schlinge mit festen Maschen. Die Schlinge etwas anziehen und dann immer wieder in die Mitte einstechend den Ring mit festen Maschen behäkeln, dies so lange, bis sich eine Kugel bildet. Dieser Knopf ist sehr weich und eignet sich mehr als Verzierung.
Stabiler ist ein Knopf, wenn ihr einen einfachen Plastikknopf behäkelt. Dazu beginnt ihr wieder mit einer Fadenschlinge und behäkelt diese ganz dicht mit festen Maschen. In der nächsten Runde wieder feste Maschen häkeln. So viele Runden arbeiten, bis der Plastikknopf bedeckt ist. Auf der Knopfrückseite wird das Gehäkelte zusammengenäht.
Sehr hübsch sind auch Knöpfe, die über einfache Plastikringe gehäkelt werden. Dabei wird der Ring mit festen Maschen umhäkelt oder mit Knopflochstich umstickt. Die Mitte kann dann nach Wunsch sternförmig ausgestickt werden.

Gehäkelte Knöpfe

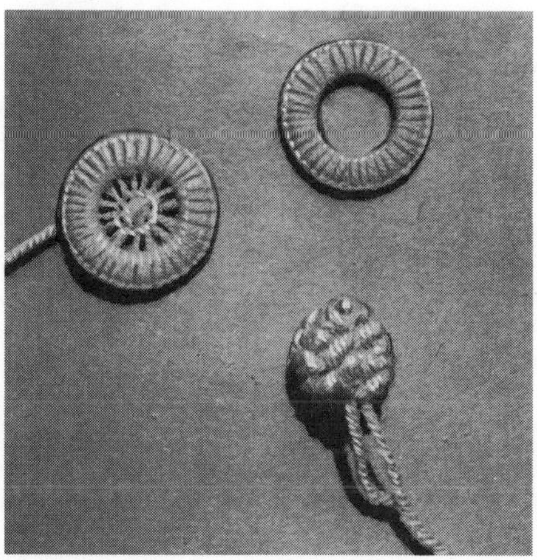

Reißverschlüsse schließen dicht und sehen in gestrickten Sachen manchmal sehr hübsch aus; aber nur dann, wenn der Reißverschluß sich nicht wellt oder zu stramm eingesetzt ist. Daher beachtet beim Einnähen eines Reißverschlusses folgendes:
Erst den Reißverschluß mit Stecknadeln im gedämpften Strickteil befestigen. Dann mit Heftgarn den Reißverschluß einreihen.
Wer es nicht sehr eilig hat, kann jetzt das Strickstück einige Tage auf einen Kleiderbügel hängen und danach kontrollieren, ob der Reißverschluß richtig sitzt. Wenn nicht, dann wird er nochmals eingeheftet. Jetzt den Reißverschluß mit unsichtbaren Stichen einnähen.

Taschen

Aufgesetzte Taschen sind am einfachsten zu arbeiten. Ihr strickt die Taschenform in der gewünschten Größe und näht sie dann auf den Pullover auf. Der obere Taschenrand sollte möglichst immer eine angestrickte Blende aus Kraus-, Perl- oder Rippenmuster haben, damit sich die Kante nicht einrollt.
Bei einer waagerechten, eingesetzten Tasche strickt ihr bis unterhalb der geplanten

Waagerecht eingesetzte Taschen

Senkrecht eingesetzte Taschen

oberen Taschenkante, arbeitet die Taschenkante selbst im gewünschten Blendenmuster, die Maschen rechts und links davon im Grundmuster. Ist die Blende groß genug, wird abgekettet. Auf anderen Stricknadeln schlagt ihr dann ebensoviele Maschen an, wir ihr für die Blende abgekettet habt. Dann strickt ihr für den Taschenbeutel in glatt rechts die erforderliche Taschenhöhe. Ist die erreicht, werden die Maschen des Taschenbeutels oberhalb der abgeketteten Maschen auf die Stricknadel gegeben und dann über die gesamte Pulloverbreite weitergearbeitet.
Der Taschenbeutel wird später von links unsichtbar angenäht.

Tip: Ist euer Strickstück aus sehr dicker Wolle, dann würde eine eingestrickte Tasche ziemlich auftragen. Besser ist es in diesem Fall, einen Taschenbeutel in der gewünschten Größe aus Stoff zu nähen und nur in Breite der Taschenblende ein Stück zu stricken und einzusetzen.
Übrigens, das gleiche gilt auch für senkrechte Taschen.

Senkrechte Taschen werden ähnlich wie das senkrechte Knopfloch gearbeitet. An der Unterkante des Tascheneingriffs wird die Arbeit geteilt, und beide Teile werden getrennt bis zur gewünschten Taschenhöhe fertiggestrickt. Dabei kann bereits an einer Seite eine Blende mitgestrickt werden. Anschließend wird wieder über die gesamte Breite weitergestrickt.

Ist keine Blende mitgestrickt worden, dann könnt ihr jetzt auf einer Seite des Taschenschlitzes die Randmaschen auf eine Nadel geben und eine Blende in Rippen-, Kraus- oder Perlmuster stricken.

Schal mit aufgesetzten Taschen

Material
Patons-Wolle »Husky«, 500 g rot; Stricknadeln Nr. 6.

Muster
Die Kanten im Perlmuster, im Innenteil Phantasiemuster aus Rechts- und Linksmaschen nach eigener Wahl, die Taschen glatt rechts.

Maschenprobe
In glatt rechts 14 Maschen x 20 Reihen = 10 cm².

Ausführung
50 Maschen anschlagen und 4 Reihen im Perlmuster arbeiten. Nun in beliebigen Mustern weiterstricken, jedoch an beiden Seiten das Perlmuster über 4 Maschen weiterlaufen lassen. Ab ca. 75 cm Länge (Mitte) die Muster gegengleich arbeiten.

Taschen: Über 34 Maschen glatt rechts arbeiten, jedoch die Kanten = 4 Maschen im Perlmuster wie beim Schal stricken.

Fertigstellung
Die Taschen ca. 5 cm ab Schalanfang beziehungsweise Schalende aufsetzen.
Fransen aus je 4 Fäden, ca. 16 cm lang, einknüpfen.

Pulli mit Silberstreifen

Größe 38

Material
Esslinger-Wolle »Geisha«, 450 g pink; Esslinger-Wolle »Gold und Silber«, 220 g

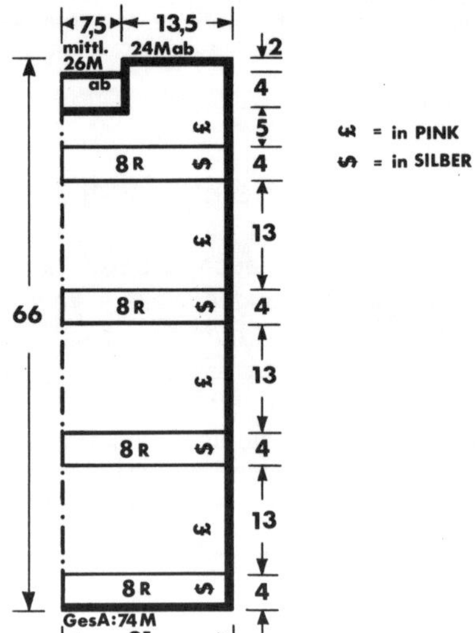

Rücken- und Vorderteil

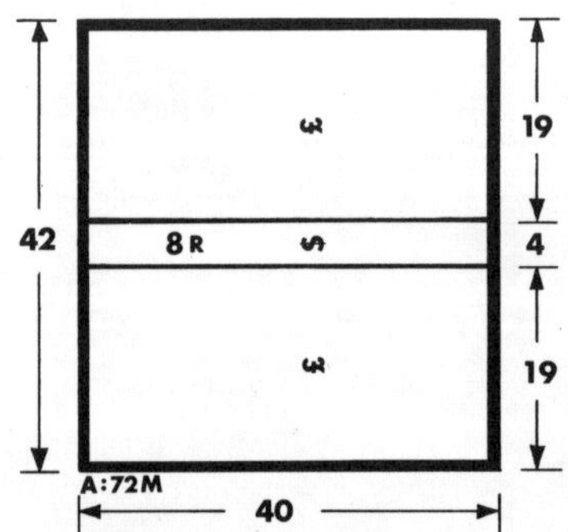

Ärmel (wird quer gestrickt)

Schal mit aufgesetzten Taschen

Pulli mit Silberstreifen

silber; Schnellstricknadeln Nr. 4$^{1}/_{2}$, Häkelnadel Nr. 4.

Muster
Mit doppelten Faden in kraus rechts und glatt rechts, die Ärmelbündchen 1 Masche rechts und 1 Masche links im Wechsel.

Maschenprobe
In glatt rechts 18 Maschen x 25 Reihen = 10 cm².

Ausführung
Arbeitet diesen Pullover nach Schnittmusterzeichnung, denn er ist recht einfach. Die Silberstreifen werden in kraus rechts, die pinkfarbenen Streifen in glatt rechts gestrickt.

Fertigstellung
Schulternähte schließen; seitliche Kanten von Rücken- und Vorderteil durchgehend mit doppeltem Faden in Silber mit 4 Reihen fester Maschen behäkeln. Ärmel mit Kettmaschen anhäkeln. Für die Ärmelbündchen aus den unteren Kanten jeweils in Pink mit doppeltem Faden 40 Maschen aufnehmen und im Bündchenmuster 14 Reihen stricken; Maschen im Maschenrhythmus abketten; Ärmel- und Seitennähte schließen, dabei für die seitlichen Schlitze beiderseits ca. 17 cm offen lassen. Den Halsausschnitt mit 4 Runden fester Maschen in Silber mit doppeltem Faden behäkeln, dabei in den vorderen Ecken in jeder Runde 2 Maschen zusammenhäkeln.

Noppenpullover mit Superrollkragen

Größe 38

Material
Schachenmayr-Wolle »Nomotta Super-Show«, 550 g hellbeige; Schnellstricknadeln Nr. 3 und Nr. 4, Nadelspiel Nr. 3.

Muster
Bündchen und Kragen 1 Masche rechts und 1 Masche links im Wechsel, den Pullover selbst glatt rechts mit Noppen laut Arbeitsanleitung.

Maschenprobe
In glatt rechts 20 Maschen x 26 Reihen = 10 cm².

Noppen-Pullover mit Superrollkragen

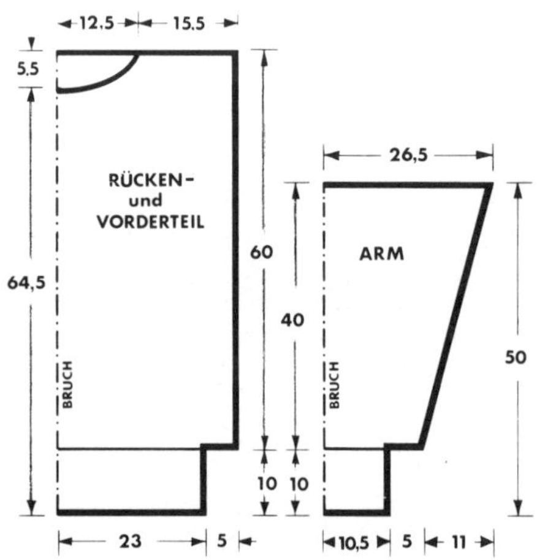

Ausführung
Rückenteil: Mit Nadeln Nr. 3 92 Maschen anschlagen und 10 cm im Bundmuster stricken. Mit Nadeln Nr. 4 weiterarbeiten und in der 1. Reihe verteilt 20 Maschen = 112 Maschen. In der 3. Reihe mit dem Noppenmuster beginnen:
1. Reihe: 5 Maschen rechts + 1 Knoten (aus 1 Masche 5 Maschen herausstricken) 16 Maschen rechts +; von + bis + fortlaufend wiederholen. Die Reihe endet mit 5 Maschen rechts.
2. Reihe: 5 Maschen links, + 5 Maschen rechts, 16 Maschen links +; von + bis + fortlaufend wiederholen.
3. und 4. Reihe: Maschen stricken, wie sie erscheinen.

Noppen-Pullover mit Superrollkragen

5. Reihe: 5 Maschen rechts, + 5 Maschen rechts zusammenstricken, 16 Maschen rechts +; von + bis + fortlaufend wiederholen.
6. – 24. Reihe: glatt rechts. Nach 70 cm ab Anschlag Maschen locker abketten.

Vorderteil: Wie den Rücken stricken, jedoch nach 22 cm ab Anschlag für die Taschen wie folgt die Maschen einteilen: 11 Maschen im Grundmuster, 29 Maschen im Bundmuster, 32 Maschen im Grundmuster, 29 Maschen im Bundmuster, 11 Maschen im Grundmuster. 8 Reihen stricken, dann die Maschen im Bundmuster locker abketten. Arbeit ruhen lassen und für das Taschenfutter je 29 Maschen anschlagen und 14 cm glatt rechts stricken, diese Maschen anstelle der abgeketteten Maschen in die Arbeit einfügen und im Grundmuster weiterarbeiten. In 65 cm Gesamthöhe für den Halsausschnitt die mittleren 20 Maschen abketten und beiderseits davon noch 3mal 3 Maschen 3mal 2 Maschen abketten, im Anschluß daran die Schultermaschen, je 31 Maschen, locker abketten.

Ärmel: 42 Maschen mit Nadeln Nr. 3 anschlagen und 10 cm im Bundmuster strikken, dann mit Nadeln Nr. 4 und im Grundmuster weiterstricken, dabei verteilt in der 1. Reihe 20 Maschen zunehmen = 62 Maschen, beiderseits noch 14mal in jeder 4. Reihe und 6mal in jeder 5. Reihe je 1 Masche zunehmen = 102 Maschen. Nach 50 cm Gesamthöhe Maschen locker abketten.

Fertigstellung
Teile spannen, anfeuchten und trocknen lassen. Schultern zusammennähen, Ärmel einnähen, Seiten- und Ärmelnahte schließen. Taschenfutter annähen. Aus dem Halsausschnitt mit dem Nadelspiel 120 Maschen aufnehmen und 60 cm im Bundmuster stricken. Maschen locker abketten.

Mantel mit seitlichem Verschluß

Größe 36/38

Material
Wollservice »Veronika«, 300 g braun, 300 g rost, 800 g grün-meliert; Schnellstricknadeln Nr. 8, 4 Holzknebel, Rundnadel Nr. 8, 120 cm lang.

Muster
Glatt rechts, kraus rechts.

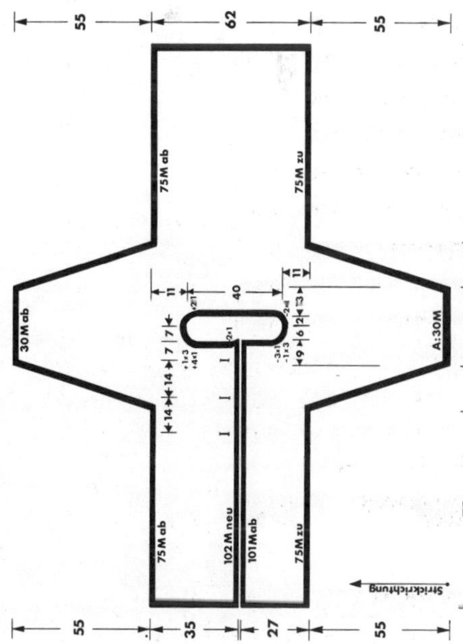

Maschenprobe
10 Maschen x 18 Reihen = 10 cm².

Ausführung
Linker Arm: 30 Maschen in Braun anschlagen, 4 Reihen kraus rechts, dann glatt rechts weiterstricken, und dann an beiden Seiten je 1 Masche wie folgt zunehmen: 12mal in jeder 6. Reihe, 3mal in jeder 4. Reihe, 2mal in jeder 2. Reihe, dabei die Streifenfolge entsprechend der Abbildung einhalten. Nach 55 cm auf beiden Seiten je 75 Maschen neu anschlagen und nach 11 cm auf der linken Seite die Arbeit teilen.

Linkes Vorderteil: In der Mitte 1mal 3 Maschen und 3mal 1 Masche für den Halsausschnitt abketten, nach 14 cm 4 Reihen in kraus rechts arbeiten, dann alle Maschen abketten.

Rücken: Mit den stillgelegten Maschen auf der rechten Seite weiterstricken. Für den rückwärtigen Halsausschnitt 2mal 1 Masche in der 2. Reihe abnehmen. Nach ca. 20 cm 2mal 1 Masche in jeder 2. Reihe zunehmen. Arbeit auf die Seite legen. Mit dem rechten Vorderteil beginnen.

Rechtes Vorderteil: 102 Maschen in Grün anschlagen. 2mal 1 Masche in jeder 2. Reihe am Halsausschnitt abnehmen. 4 Reihen kraus rechts stricken, dann die Knopflöcher einarbeiten. 1. Knopfloch nach 7 Maschen vom Hals 2 Maschen abketten, das 2. Knopfloch nach 14 Maschen, das 3. nach ebenfalls 14 weiteren Maschen arbeiten. Nach 18 cm mit der Zunahme beginnen: 4mal 1 Masche und 1mal 3 Maschen zunehmen. Wenn das rechte Vor-

Mantel mit seitlichem Verschluß

derteil eine Höhe von 24 cm erreicht hat, Rücken- und Vorderteilmaschen auf eine Nadel geben und den rechten Ärmel gegengleich zum linken fertigstellen.

Kragen: Kraus rechts stricken. Maschen aus dem Ausschnitt auffassen und nach 4 cm ein Knopfloch einarbeiten, nach 8 cm alle Maschen abketten. Seitennähte schließen.

Gürtel: 180 Maschen anschlagen, kraus rechts 5 cm stricken.

Fertigstellung
Nähte schließen, Knöpfe annähen.

Blouson mit aufgesetzten Taschen

Größe 38

Material
Gebrasa-Wolle »Schnellstrick«, 800 g gelb, 200 g blau; Schnellstricknadeln Nr. 4 – 5; 1 Jackenreißverschluß 65 cm, 2 Reißverschlüsse für die Taschen à 14 cm.

Muster
Die Bündchen 1 Masche rechts und 1 Masche links im Wechsel, den Pullover selbst alle Hinreihen rechts, alle Rückreihen: 1 Masche rechts, 1 Masche links im Wechsel stricken.

Maschenprobe
19 Maschen x 23 Reihen = 10 cm².

Blouson mit aufgesetzten Taschen

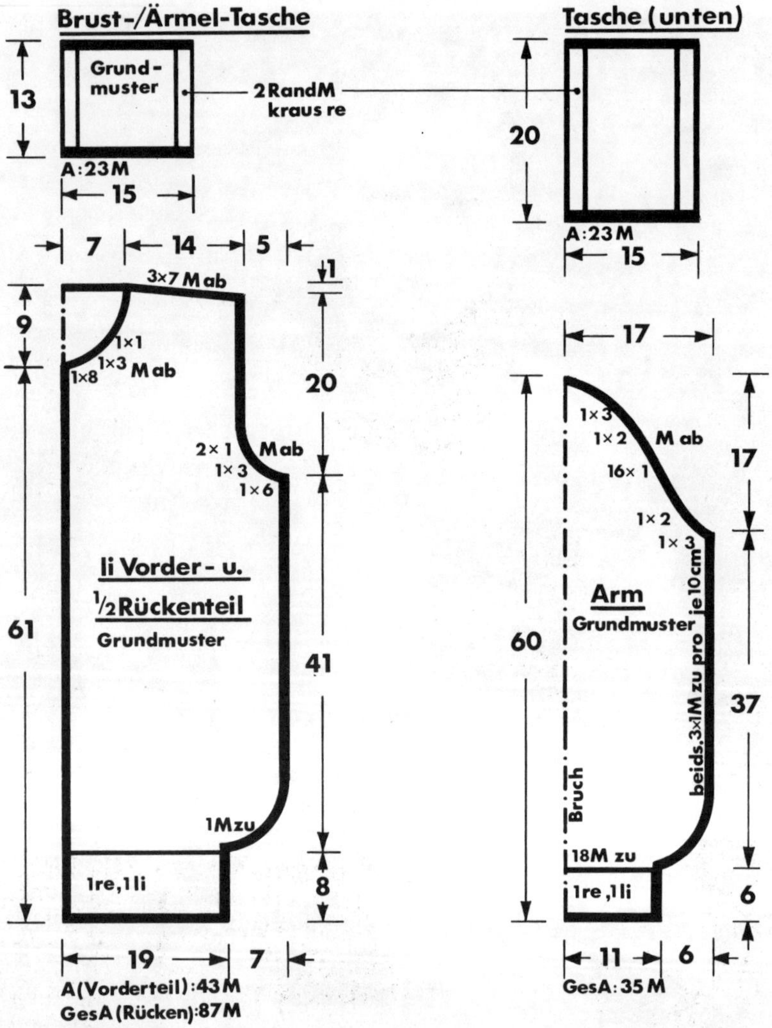

Ausführung

Rückenteil: 87 Maschen anschlagen, 8 cm Bund stricken, in der 1. Reihe beiderseits 1 Masche zunehmen und 41 cm im Muster stricken. Dann beiderseits in jeder 2. Reihe 1mal je 6 Maschen, 1mal 3 Maschen und 2mal 1 Masche abnehmen. Weiter bis auf 20 cm Höhe nach der Abnahme stricken und beiderseits für die Schultern 3mal 7 Maschen in jeder 2. Reihe abketten. Restliche Maschen abketten.

Vorderteil: wie halbes Rückenteil arbeiten. Nach 61 cm Gesamthöhe für den Halsausschnitt wie folgt abnehmen: In jeder 2. Reihe 1mal 8 Maschen abketten, 1mal 3 Maschen abketten und 1mal 1 Masche, dann bis zur Schulter gerade hocharbeiten.

Das zweite Vorderteil gegengleich stricken.

Ärmel: Je 35 Maschen anschlagen und 6 cm Bündchen stricken. 18 Maschen verteilt zunehmen und im Muster weiter arbeiten, dabei alle 10 cm auf beiden Seiten 3mal je 1 Masche zunehmen. Für die Armkugel wie folgt beiderseitig abnehmen: in jeder 2. Reihe 1mal je 3 Maschen, 1mal je 2 Maschen, 16mal je 1 Masche, 1mal je 2 Maschen und 1mal je 3 Maschen.

Brusttasche: Je 23 Maschen in Blau anschlagen, beiderseits 2 Maschen kraus rechts stricken, die anderen Maschen im Grundmuster, 13 cm hocharbeiten, abketten.

Ärmeltaschen: 23 Maschen anschlagen, wie Brusttasche arbeiten, jedoch 20 cm lang stricken.

Fertigstellung

Alle Nähte schließen. Am Halsrand 75 Maschen auffassen und im Bundmuster 20 cm hochstricken. Maschen abketten, wie sie erscheinen. Kragen nach außen umlegen und Reißverschluß einnähen.

An Brust- und Ärmeltaschen je einen Reißverschluß einnähen. Taschen bildgerecht aufnähen.

Fertigstellung eines Strickmodells

Das Aneinanderfügen der Einzelteile sollte sehr sorgfältig geschehen, denn unsaubere Nähte lassen einen noch so schön gestrickten Pulli schlampig aussehen.

Zunächst werden die heraushängenden Fäden vernäht. Dazu nehmt ihr eine Stopfnadel, fädelt den Faden auf und näht an der Kante mit einfachen Auf- und Abstichen einige Zentimeter. Den Restfaden dann abschneiden.

Vor dem Zusammennähen werden jetzt die Strickteile gedämpft. Dazu spannt ihr die Teile mit Stecknadeln auf eine weiche Unterlage, die rechte Seite des Gestricks kommt nach unten. Vergleicht jetzt, ob Strickteil und Schnittmuster übereinstimmen. Bevor ihr das Stück dämpft, schaut nochmal auf der Knäuelbanderole nach, ob und mit welcher Temperatur gedämpft werden darf.

Stellt dementsprechend das Bügeleisen ein; legt ein feuchtes Tuch auf das Teil und dämpft es nun.

Rippen- und Reliefmuster werden nicht gedämpft! Sie sollen ja erhalten bleiben.

Manchmal ist auf der Knäuelbanderole auch vermerkt, daß nicht gebügelt werden darf. Dann spannt ihr die Teile ebenso wie oben beschrieben auf, legt ein feuchtes Tuch darauf und beschwert das Ganze mit einem Brett oder ähnlichem. Ist das Tuch trocken, kann weitergearbeitet werden.

Das *Schließen der Nähte* ist nicht schwer, wenn man die Maschen der beiden Teile, die zusammengenäht werden sollen, ganz genau aufeinanderlegt. Nach dem Feststecken mit Stecknadeln wird mit einem Heftfaden gereiht und dann die eigentliche Naht mit dem Arbeitsfaden ausgeführt.

Die Reihenfolge der Nähte ist wichtig. Man beginnt am besten mit den Schulternähten. Dann folgen die Ärmel. Und zum Schluß werden in einem Arbeitsgang Ärmel- und Seitennähte geschlossen.

Je nachdem, ob man eine feste, undehnbare oder eine mehr elastische Naht haben möchte, wählt man zwischen verschiedenen Arten:

Bei der *Steppnaht* legt ihr die Teile rechts auf rechts und steppt mit dem Wollfaden, mit dem gestrickt wurde, die Teile am Rand entlang zusammen.

Die *Häkelnaht* ist ganz einfach. Hierzu legt ihr wieder die Teile rechts auf rechts und arbeitet sie mit festen Maschen zusammen, indem ihr beide Randmaschen gleichzeitig erfaßt.

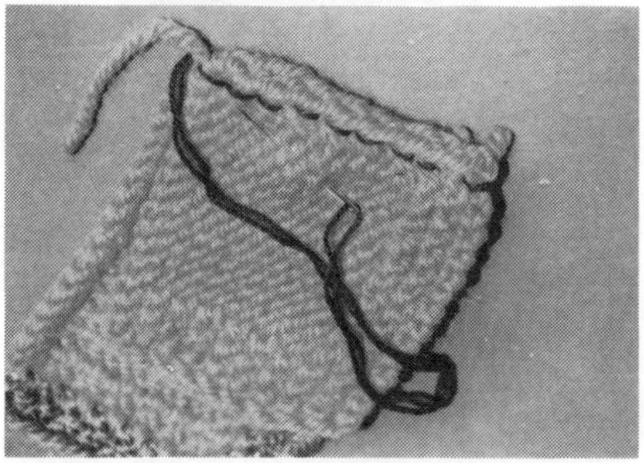

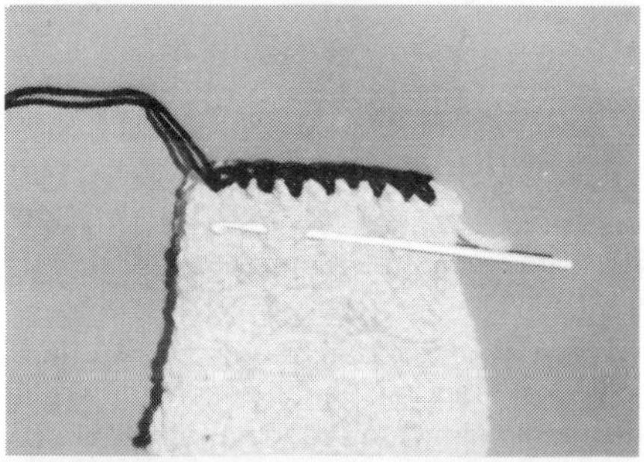

Steppnaht mit einem Wollfaden
Häkelnaht
Matratzenstich-Naht

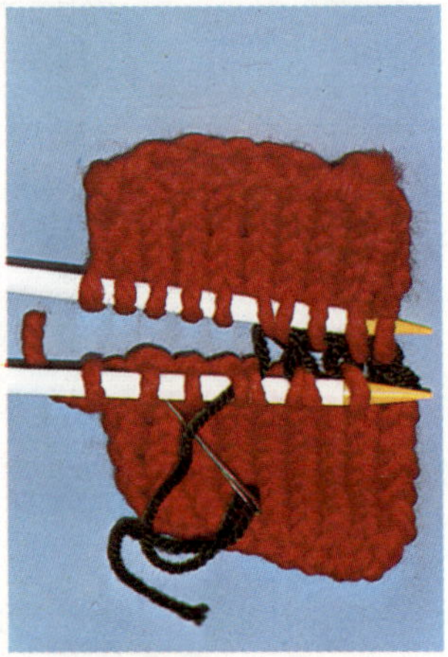

Maschenstich-Naht

Bei der *Matratzenstich-Naht* werden die zusammenzunähenden Teile mit der rechten Seite nach oben nebeneinander gelegt. Nun fädelt ihr die Arbeitswolle in eine dicke Stopfnadel und stecht neben der Randmasche aus, führt den Faden zur anderen Seite, stecht beim Querfaden neben der anderen Randmasche ein, geht unter dem Querfaden durch und stecht wieder auf der anderen Seite neben dem Querfaden der Randmasche ein. Es wird sozusagen im Zick-Zack-Stich zwischen den ersten Querfäden neben den Randmaschen hin und her genäht.

Manchmal kann man Gestricktes auch mit der Nähmaschine zusammennähen. Allerdings sollte dies die Ausnahme bleiben. Um dehnbare Nähte zu bekommen, muß mit Zick-Zack-Stich gesteppt werden.

Mit dem *Maschenstich* kann man Nähte ganz flach schließen. Dazu werden die Maschen, zum Beispiel an der Schulter, nicht abgekettet. Legt die beiden Stricknadeln nebeneinander und stecht mit der Stopfnadel abwechselnd in die Maschen der rechts und links liegenden Nadel ein. Ihr verfolgt so den Verlauf einer gestrickten Masche, das heißt, zunächst geht der Faden durch zwei nebeneinander liegende Maschen, führt dann zur gegenüberliegenden Nadel, erfaßt ebenfalls zwei nebeneinander liegende Schlingen und geht dann zurück in die letzte und nächste Masche der ersten Reihe usw.

Wollt ihr an ein Stoffteil ein Bündchen, einen Kragen oder ähnliches anstricken, dann geht ihr so vor: Stickt auf den Stoff an der gewünschten Kante eine Reihe Kettenstich. Die Länge der einzelnen Kettenstiche richtet sich nach der Wollstärke und dem Abstand, den die Maschen voreinander haben sollen. Aus diesem Kettenstich holt ihr dann mit Hilfe einer Häkelnadel einzelne Maschen heraus, die auf die Stricknadel gegeben und im beliebigen Muster abgestrickt werden können.

Am Stoff angestricktes Bündchen

Kunststricken

Motive nennt man beim Stricken mehreckige oder runde Teile, die von der Mitte oder einer Ecke aus gearbeitet werden. Mehrere gleiche Motive zusammengenäht, ergeben hübsche Decken, Patchworksachen oder Einsätze bei Kleidungsstükken.

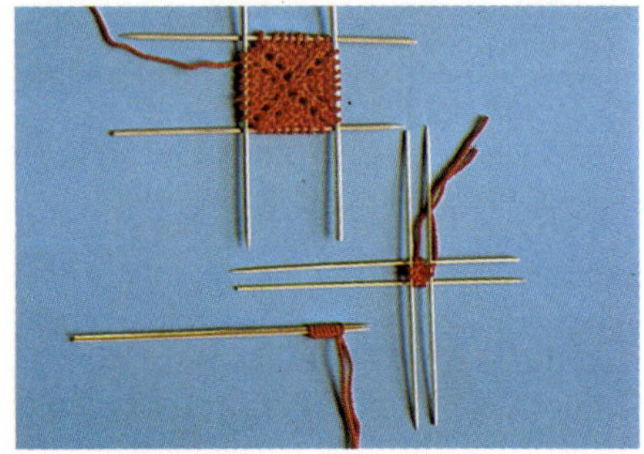

Motive stricken

Am schwierigsten beim Motivstricken ist der Anfang. Dazu schlägt man zunächst 4 oder 8 Maschen an, strickt die erste Reihe ab und verteilt die Maschen zahlenmäßig gleich auf vier Nadeln. Dann wird in Runden laut Strickschrift gestrickt. In den Ecken muß regelmäßig zugenommen werden; wie viele Maschen das jeweils sind, könnt ihr in der Strickschrift ablesen. Wenn die Spielstricknadeln nicht mehr alle Maschen aufnehmen können, geht man zur Rundnadel über.

Tip: Wer mit dem kniffeligen Anfang nicht zurecht kommt, kann sich so helfen: Häkelt eine Luftmaschenkette, schließt sie zum Ring und gebt dann die Stricknadeln in die Schlingen der Luftmaschen. Von jetzt an in Runden weiterstricken.

Lindgrüner Baumwollpulli

Größe 38

Material
Filcrosa-Wolle »Diana cablé«, 300 g lindgrün; Schnellstricknadeln Nr. 7.

Muster
Der Pullover kraus rechts, der Kragen mit Bündchen und im Lochmuster laut Arbeitsanleitung.

Maschenprobe
12 Maschen x 18 Reihen = 10 cm².

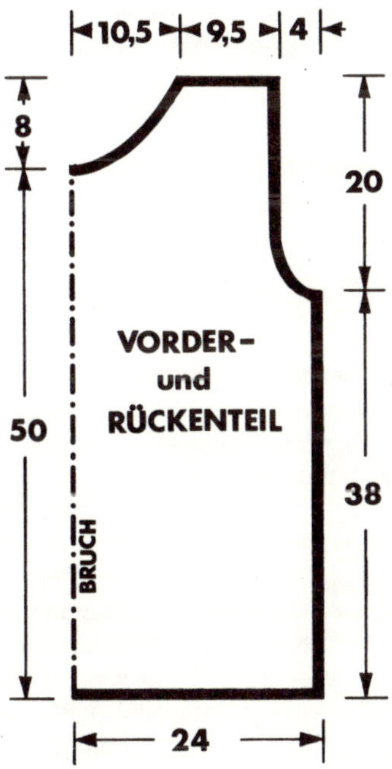

Lindgrüner Baumwollpulli

Ausführung
Rückenteil: Mit doppeltem Faden 58 Maschen anschlagen und kraus rechts stricken; nach 38 cm an beiden Seiten in jeder 2. Reihe 1mal je 3 Maschen, 2mal je 1 Masche abketten. Nach 58 cm Gesamthöhe die übrigen Maschen abketten.

Vorderteil: Wie das Rückenteil arbeiten, dabei in 50 cm Gesamthöhe für den Halsausschnitt die mittleren 8 Maschen abketten. Anschließend beiderseitig in jeder 2. Reihe 1mal 2 Maschen und 6mal 1 Masche abketten. Die restlichen Maschen in gleicher Höhe wie beim Rückenteil abketten.

Kragen: 62 Maschen anschlagen und für das Halsbündchen 4 Reihen 1 Masche links und 1 Masche rechts stricken. Dann im Lochmuster weiterarbeiten:
1., 2. u. 3. Reihe: rechte Maschen.
4. Reihe: linke Maschen.
5. Reihe: + Umschlag, 2 Maschen rechts zusammenstricken +; von + bis + stets wiederholen.
6. Reihe: alle Maschen, auch die Umschläge links stricken.
1.–6. Reihe fortlaufend wiederholen.
In jeder 5. Reihe des Lochmusters zunehmen:
1. Zunehmen: 1mal nach 4 Maschen und 9mal nach 6 Maschen je 1 Masche = 72 Maschen.
2. Zunehmen: 1mal nach 4 Maschen und 13mal nach 5 Maschen je 1 Masche = 86 Maschen.
3. Zunehmen: Nach jeder 5. Masche je 1 Masche = 102 Maschen.
4. Zunehmen: 1mal nach 4 Maschen, 19mal nach jeder 5. Masche = 122 Maschen.
Noch einen Mustersatz ohne Zunehmen arbeiten, dann 6 Reihen kraus rechts stricken und die Maschen locker abketten.
Nun an beiden Schmalseiten je ca. 26 Maschen herausstricken und kraus rechts weiterarbeiten. 13 Maschen rechts stricken, die 14. und 15. Masche zusammenstricken, 16. Masche abheben, die 17. Masche stricken, die 16. Masche über die 17. Masche ziehen. 13 Maschen stricken.
Linke Seite: 12 Maschen stricken, die 13. und 14. Masche zusammenstricken usw., bis insgesamt 15 Maschen übrig sind.
Seitenstreifen ca. 40 cm lang arbeiten.

Fertigstellung
Seitenteile und Schulternähte schließen. Den Kragen am vorderen Halsausschnitt über ca. 10 cm unsichtbar annähen. Die Seitenteile werden locker um die Schulter geschlungen und am Rücken verknotet.

Discopulli

Größe 36/38

Material
Schachenmayr-Wolle »Capriccio«, 100 g rot; Schnellstricknadeln Nr. 2½, Häkelnadel Nr. 2½.

Muster
Glatt links.

Maschenprobe
26 Maschen x 36 Reihen = 10 cm².

Ausführung
Vorderteil: 110 Maschen anschlagen, in jeder 4. Reihe an der rechten Seite 1 Masche abnehmen, an der linken Seite in jeder 4. Reihe 1 Masche zunehmen. Die Maschenzahl bleibt immer gleich.
Nach 148 Reihen an der linken Seite 10 Maschen abketten, an der rechten Seite in jeder 2. Reihe 2 Maschen abnehmen, weiter an der linken Seite in jeder 6. Reihe 1 Masche zunehmen.
Nach 98 Reihen für die Schulter die restlichen 16 Maschen abketten.
Das zweite Teil gegengleich herstellen.

Fertigstellung
Seiten- und Schulternaht schließen. Alle Ränder mit 2 Reihen fester Maschen umhäkeln.
Zum Schluß die Motive aus Straßsteinen aufbügeln, -kleben oder -nähen.

Strandkleid mit gestrickten Motiven

Größe 36–42

Material
3 m dunkelblaues Käseleinen, 90 cm breit, MEZ-Garn »Erika«, 2 Knäuel blau; Nadelspiel Nr. 2½, Häkelnadel Nr. 2, 100 cm Gummiband, Nähgarn.

Ausführung
Man beginnt jedes Motiv in der Mitte, indem man aus 1 Masche 12 Maschen herausstrickt (1 Masche rechts und 1 Masche links im Wechsel). Dann wird in Runden nach der Strickschrift weitergearbeitet. Die Zwischenrunden sind nicht eingezeichnet, hier werden die Maschen gestrickt, wie sie erscheinen. Die Strickschrift zeigt ein Viertel des Motivs und ist entsprechend zu er-

gänzen. Nach der 28. Runde häkelt man die Maschen ab, dazu nimmt man stets so viele Maschen zusammen, wie durch die Bogen

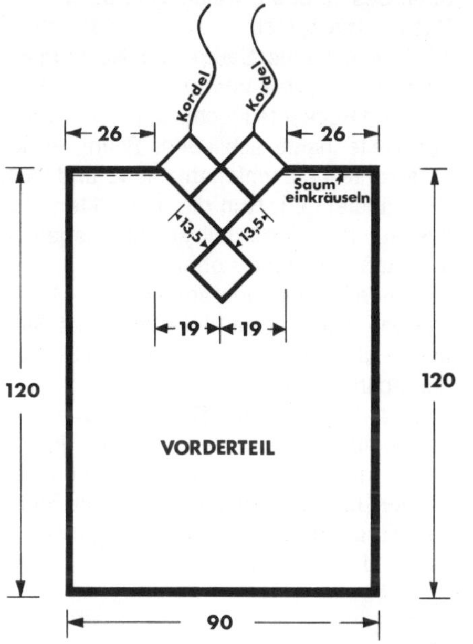

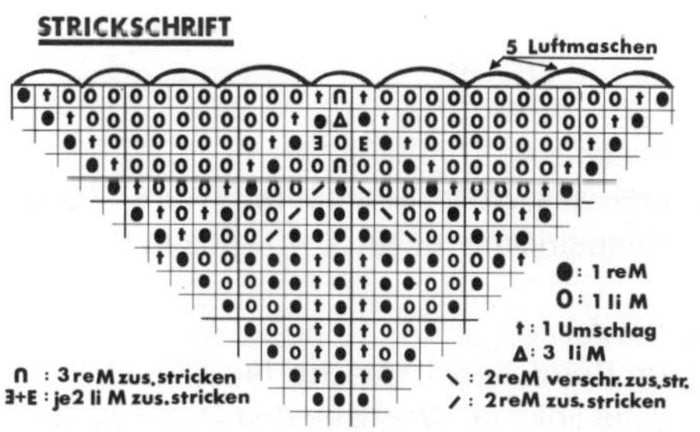

angegeben sind, und arbeitet dazwischen 5 Luftmaschen. In dieser Weise vier gleiche Motive herstellen.

Discopulli

Diese Motive werden nun abbildungsgemäß miteinander durch Luftmaschen und feste Maschen verbunden und dann, wie oben beschrieben, weiter verarbeitet.
Das Rückenteil aus Käseleinen 120 x 90 cm plus Saum und Nahtzugabe zuschneiden, das Vorderteil ebenso. Vorder- und Rückenteil rechts auf rechts legen und Seitennähte schließen. Saum an der Oberkante 4 cm umlegen, nach 2 und nach 4 cm absteppen. Nun die gestrickten Motive auf das Vorderteil abbildungsgemäß auflegen. Stoff für die oberen 3 Motive ausschneiden und schmal am Rand der Motive säumen. Das untere Motiv bleibt mit Stoff unterlegt, es wird mit unsichtbaren Stichen aufgenäht.
Jetzt in den doppelten Saum der Oberkante, beginnend von den Motiven, je ein 50 cm langes Gummiband einziehen und an den Enden festnähen. Unteren Saum der Körpergröße entsprechend umschlagen und ansäumen.

Sonnentop

Größe 38–40

Material
Gebrasa-Wolle »Parcours-Silver«, 100 g; Rundstricknadel Nr. 3, 40–50 cm lang.

Muster
Im Bündchen 1 Masche rechts und 1 Masche links im Wechsel, den Pulli selbst im Lochmuster nach Arbeitsanleitung.

Maschenprobe
27 Maschen x 38 Reihen = 10 cm².

Strandkleid mit gestrickten Motiven

Ausführung

160 Maschen anschlagen und 5 cm Bund rundstricken, dann im Grundmuster weiter:

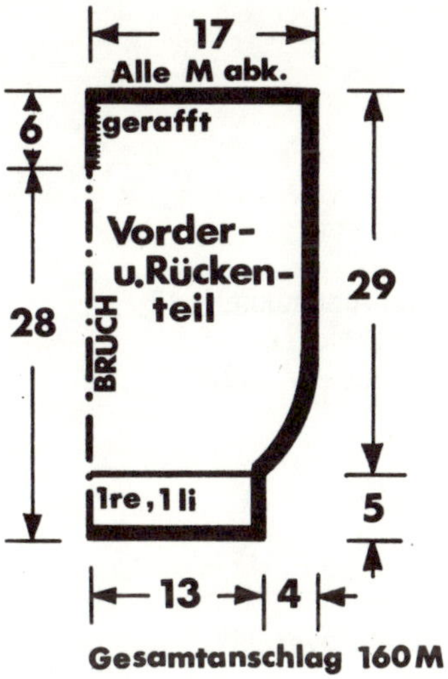

1. Runde: rechte Maschen.
2. Runde: + 5 Maschen rechts, 2 Maschen rechts zusammenstricken, 1 Umschlag, 1 Masche rechts, 1 Umschlag, 1 Masche abheben, 1 Masche rechts und die abgehobene Masche überziehen +; von + bis + fortlaufend wiederholen.
3. Runde: rechte Maschen.
4. Runde: gleich wie Runde 2 stricken, Muster versetzt wiederholen.

In 34 cm Gesamthöhe alle Maschen abketten.

Fertigstellung

Aus 3 Fäden eine 130 cm lange Kordel häkeln und in der Mitte des gerafften Vorderteils einziehen. Die obere Kante wird mit einer Reihe fester Maschen und 1 Reihe Mäusezähnchen umhäkelt.

Sonnentop

Register

A

Abnehmen *32*
Abketten *8*
Anschlag *7*
Ärmel *95*
Ärmellose Westen *12, 68, 74*

B

Bikini mit Dreiecktuch *40*
Blouson mit aufgesetzten Taschen *107*
Blumige Topflappen *65*
Borten und Blenden *73*
Bündchen anstricken *112*

C

Clown *81*

D

Damenpullover mit V-Ausschnitt *95*
Damen-Tennissocken *58*
Discopulli *114*
Doppelte Abnahmen *32*
Doppelte Zunahmen *25*
Duftiges Sommerkleid *34*

F

Farbflächen *63*
Fausthandschuhe *56*
Ferse *54*
Fertige Strickteile verändern *95*
Fertigstellung eines Strickmodells *111*
Fingerhandschuhe *56*
Flottes Sommerjäckchen *21*
Fransen einknüpfen *8*

G

Garnhalter *64*
Gehäkelt abketten *8*
Gehäkelter Anschlag *7*
Geräumige Badetasche *90*
Gestrickt abketten *8*
Gestrickte Bilder *80*
Gestrickte Hängematte *90*
Glatt rechts *16*
Goldiger Lochmuster-Pullover *83*
Grillhandschuh *65*

H

Häkelnaht *111*
Halsausschnitte *94*
Handschuhe *55*
Hilfsnadel *43*

J

Jacke im Aranmuster *43*
Jacke mit Bild *71*
Jacquardmuster *63*

K

Käppchen *54*
Kettenstich *64*
Kimono-Pullover *97*
Knopflöcher *102*
Knöpfe *103*
Kragenformen *95*
Kraus rechts *7*
Kreuzanschlag *15*
Krikodol *49*
Küken *13*
Kugelfisch *51*
Kunststricken *112*
Kuschelpullover mit Mütze *67*

L

Lampenschirm *29*
Laufmaschen aufhäkeln *25*
Laufmaschenmuster *25*
Lindgrüner Baumwollpulli *113*
Linke Maschen *15*
Lochmuster *83*
Lustiger Quastenpulli *99*

M

Mantel mit seitlichem Verschluß *107*
Maschenprobe *18*
Maschenstich *63, 112*
Matratzenstich-Naht *112*
Maus *13*
Mausezähnchen-Saum *74*
Mehrfarbige Muster *62*
Mollige Winterjacke *18*
Motive stricken *112*
Muster beim Rundstricken *53*

N

Nadelspiel *53*
Nadelstärke *16*
Nähte schließen *111*
Noppenpullover mit Superrollkragen *106*
Norweger-Pullover *69*

O

Outdoorjacke *77*

P

Papagei *13*
Patchwork-Pullover *45*
Patente Ski-Mütze *22*
Patentmuster *25*
Patent-Pullover *29*
Perlmuster *17*
Perlzunahme *24*
Pomponfisch *13*
Pompontiere *12*
Pompons wickeln *9*
Poncho *10, 26*
Pulli mit geometrischen Motiven *92*
Pulli mit Matrosenkragen *78*
Pulli mit Silberstreifen *104*
Pünktchen *62*

Q

Quadratische Topflappen *64*
Quasten binden *9*

R

Raglan-Blouson *98*
Randmarkierungen *26*
Randmasche *8*
Rechte Maschen *7*
Ringelpulli *9*
Ringelstutzen *60*
Rippen- und Bündchenmuster *17*
Rundnadel *53*
Rundstricken *53*

S

Säume *74*
Schachbrettmuster *17*
Schal mit aufgesetzten Taschen *104*
Schal mit Mütze *48*
Schlaf-Schaf *14*
Schnittmuster *32*
Söckchen *59*
Sommerpulli mit Mütze *88*
Sonnentops *20, 116*
Sportsocken *57*
Steppnaht *111*
Strandkleid mit geometrischen Motiven *114*
Strandrock mit Bikini *85*
Stricken in Runden *53*
Strickpuppe *30*
Strickschrift *17*
Strumpfspitze *55*
Strümpfe *53*
Stutzen *78*
Superpullover *28*

T

Tasche mit Rautenmuster *50*
Taschen *103*
Teddy-Bärchen *13*

U

Umschlag *24*

V

V-Ausschnitt *94*
Vergrößern des Schnittmusters *33*
Verkleinern des Schnittmusters *33*
Verkreuzte Maschen *42*

W

Wade *54*
Weste *36*
Wickelpulli *39*

Z

Zackenmuster *32*
Zacken-Pullover *35*
Zipfelmütze *60*
Zopfmuster *42*
Zopfmusternadel *42*
Zopfmuster-Pullover *46*
Zöpfe flechten *10*
Zunehmen *24*

Für jeden etwas...

Praktische Gebrauchsbücher stehen Ihnen, lieber Leser, mit Rat und Information zur Seite, wenn es darum geht, Fragen des täglichen Lebens zu beantworten.
Die hervorragende Sachkenntnis und die verständliche Sprache unserer Fachautoren sind ebenso selbstverständlich wie die sorgfältige Ausstattung unseres großen Buchprogramms.
Damit bietet Ihnen der Falken-Verlag Bücher zum Lesen und Nachschlagen, mit denen Sie Ihr Leben aktiv und erfolgreich gestalten können.

Trockenblumen und Gewürzsträuße
(Best.-Nr. 5084) DM 9,80

Kleingebäck
(Best.-Nr. 5089) DM 9,80

Phantasieblumen
(Best.-Nr. 5091) DM 9,80

Brotspezialitäten
(Best.-Nr. 5088) DM 9,80

Raffinierte Steaks
(Best.-Nr. 5043) DM 9,80

Schmuck und Objekte aus Metall und Email
(Best.-Nr. 5078) DM 16,80

Spanische Küche
(Best.-Nr. 5037) DM 9,80

Zugeschaut und mitgebaut 1 – 4
(Best.-Nr. 5031, 5061, 5077, 5093)
je DM 14,80

Kalte Happen und Partysnacks
(Best.-Nr. 5029) DM 9,80

Gemüse und Kräuter
(Best.-Nr. 5024) DM 9,80

Hobby Holzschnitzen
(Best.-Nr. 5101) DM 14,80

Kinder lernen spielend kochen
(Best.-Nr. 5096) DM 9,80

Das neue Hundebuch
(0009) Von W. Busack, überarbeitet von Dr. med. vet. A. Hacker, 104 S., zahlreiche Abb. auf Kunstdrucktafeln, kart., DM 6,80

Mietrecht
Leitfaden für Mieter und Vermieter
(0479) Von Johannes Beuthner, 196 S., kart., DM 12,80

Scheidung und Unterhalt
nach dem neuen Eherecht
(0403) Von Rechtsanwalt H.T. Drewes, 104 S., mit Karten und Unterhaltstab., kart., DM 7,80

Der neue Briefsteller
(0060) Von I. Wolter-Rosendorf, 112 S., kart., DM 5,80

Die erfolgreiche Bewerbung
(0173) Von W. Manekeller, 152 S., kart., DM 8,80

Verse fürs Poesiealbum
(0241) Von Irmgard Wolter, 96 S., 20 Abb., kart., DM 4,80

Knobeleien und Denksport
(2019) Von Klas Rechberger, 142 S., viele Zeichnungen, kart., DM 7,80

Heimwerker-Handbuch
Basteln und Bauen mit elektrischen Heimwerkzeugen
(0243) Von Bernd Käsch, 204 S., 229 Fotos und Zeichnungen, kart., DM 9,80

Großes Rätsel-ABC
(0246) Von H. Schiefelbein, 416 S., gbd. DM 16,80

Stricken, häkeln, loopen
(0205) Von Dr. Marianne Stradal, 96 S., 100 Abb., kart., DM 5,80

Tennis
Technik – Taktik – Regeln
(0375) Von Harald Elschenbroich, 112 S., 81 Abb., kart., DM 6,80

Wie soll es heißen?
(0211) Von Dr. Köhr, 88 S., kart., DM 5,80

Beliebte und neue
Kegelspiele
(0271) Von Georg Bocsai, 92 S., 62 Abb., kart., DM 4,80

Vorbereitung auf die Geburt
Schwangerschaftsgymnastik, Atmung, Rückbildungsgymnastik
(0251) Von Sabine Buchholz, 112 S., 98 Fotos, kart., DM 6,80

Spaß am Laufen
Jogging für die Gesundheit
(0470) Von Werner Sonntag, 120 S., 36 Abb., kart., DM 6,80

Glückwünsche, Toasts und Festreden zur Hochzeit
(0264) Von Irmgard Wolter, 88 S., kart., DM 4,80

Spielend Schach lernen
(2002) Von Theo Schuster, 128 S., kart., DM 6,80

Spiele für Kleinkinder
(2011) Von Dieter Kellermann, 80 S., kart., DM 5,80

Selbst tapezieren und streichen
(0289) Von Dieter Heitmann und Jürgen Geithmann, 116 S., 67 Abb., kart., DM 6,80

Von der Verlobung zur Goldenen Hochzeit
Vorbereitung – Festgestaltung – Glückwünsche
(0393) Von Elisabeth Ruge, 120 S., kart., DM 6,80

Bruce Lees Kampfstil 2
Selbstverteidigungs-Techniken
(0486) Von Bruce Lee, M. Uyehara, 128 S., 310 Fotos, kart., DM 9,80

Pilze
erkennen und benennen
(0380) Von J. Raithelhuber, 136 S., 106 Farbfotos, kart., DM 9,80

Falken-Handbuch Pilze
Mit über 250 Farbfotos und Rezepten
(4061) Von Martin Knoop, 276 S., 250 Farbfotos, 28 Zeichnungen, gbd. DM 36,–

Ziervögel
in Haus und Voliere
Arten · Verhalten · Pflege
(0377) Von Horst Bielfeld, 144 S.,
32 Farbfotos, kart., DM 9,80

Beeren und Waldfrüchte
erkennen und benennen –
eßbar oder giftig?
(0401) Von J. Raithelhuber, 136 S.,
90 Farbfotos, 40 s/w, kart., DM 16,80

Arzneikräuter und Wildgemüse
erkennen und benennen
(0459) Von J. Raithelhuber, 140 S.,
108 Farbfotos, kart., DM 12,80

Tee für Genießer
(0356) Von Marianne Nicolin, 64 S.,
4 Farbtafeln, kart., DM 5,80

Fred Metzlers
Witze mit Pfiff
(0368) 120 S., Taschenbuchformat,
kart., DM 5,80

Selbst Brotbacken
mit über 50 erprobten Rezepten
(0370) Von Jens Schiermann, 80 S.,
mit 6 Zeichnungen und 4 Farbtafeln,
kart., DM 6,80

Kalorien · Joule
Eiweiß · Fett · Kohlenhydrate
tabellarisch nach gebräuchlichen
Mengen
(0374) Von Marianne Bormio, 88 S.,
kart., DM 4,80

Zimmerpflanzen
(5010) Von Inge Manz, 64 S.,
98 Farbabb., Pbd. DM 9,80

Die 12 Sternzeichen
Charakter, Liebe und Schicksal
(0385) Von Georg Haddenbach,
160 S., gbd., DM 9,80

Möbel aufarbeiten, reparieren und pflegen
(0386) Von E. Schnaus-Lorey,
96 S., 104 Fotos und Zeichnungen,
kart., DM 6,80

Selbst Wahrsagen mit Karten
Die Zukunft in Liebe, Beruf und
Finanzen
(0404) Von Rhena Koch, 112 S.,
viele Abb., Pbd., DM 9,80

Einkochen
nach allen Regeln der Kunst
(0405) Von Birgit Müller, 96 S.,
8 Farbtafeln, kart., DM 6,80

Die besten
Tierwitze
(0496) Herausgegeben von
Peter Hartlaub und Silvia Pappe,
112 S., 25 Zeichnungen, kart., DM 5,80

Tauchen
Grundlagen – Training – Praxis
(0267) Von W. Freihen, 144 S.,
71 Fotos und Farbtafeln, kart., DM 9,80

Moderne Schmalfilmpraxis
Ausrüstungen · Drehbuch · Aufnahme
Schnitt · Vertonung
(4043) Von Uwe Ney, 328 S., mit über
200 Abb., teils vierfarbig,
gbd., DM 29,80

Windsurfing
Handbuch für Grundstein und Praxis
(5028) Von Calle Schmidt, 64 S.,
über 50 Abb., durchgehend vierfarbig,
Pbd., DM 9,80

Reiten
Vom ersten Schritt zum Reiterglück
(5033) Von Herta F. Kraupa-Tuskany,
64 S., mit vielen Zeichnungen und
Farbabb., Pbd., DM 9,80

Die Selbermachers
renovieren ihre Wohnung
(5013) Von Wilfried Köhnemann,
148 S., 374 Farbabb., Zeichnungen
und Fotos, kart., DM 14,80

Bauernmalerei
leicht gemacht
(5039) Von Senta Ramos, 64 S.,
78 vierfarbige Abb., Pbd., DM 9,80

Großes Getränkebuch
Wein · Sekt · Bier und Spirituosen
aus aller Welt, pur und gemixt
(4039) Von Claus Arius, 288 S.,
mit Register, 179 teils großformatige
Farbfotos, Schuber, gbd., DM 58,–

Die besten
Ostfriesenwitze
(0495) Herausgegeben von
Onno Freese, 112 S., 17 Zeichnungen,
kart., DM 5,80

Moderne Fotopraxis
Bildgestaltung · Aufnahmepraxis ·
Kameratechnik · Fotolexikon
(4030) Von Wolfgang Freihen, 304 S.,
mit 244 Abb., davon 50 vierfarbig,
Balacron mit vierfarbigem Schutz-
umschlag, abwaschbare Polylein-
prägung, DM 29,80

Falken-Handbuch spielen
drinnen und draußen, für jung und alt
(4034) Von Heinz Görz, 430 S.,
mit 370 farbigen Zeichnungen,
gbd., DM 36,–

CB-Code
Wörterbuch und Technik
(0435) Von Richard Kerler, 120 S.,
mit technischen Abb., kart., DM 7,80

Münzen
Ein Brevier für Sammler
(0353) Von Erhard Dehnke, 128 S.,
30 Abb. – teils farbig –, kart., DM 9,80

Naive Malerei
leicht gemacht
(5083) Von Felizitas Krettek,
64 S., 76 Farbfotos, Pbd., DM 9,80

Balkons in Blütenpracht
zu allen Jahreszeiten
(5047) Von Nikolaus Uhl, 64 S.,
82 vierfarbige Abb., Pbd., DM 9,80

Grillen
drinnen und draußen
(4047) Von Claus Arius, 152 S.,
30 Farbtafeln in flexiblen Karton,
gbd., DM 12,80

Moderne Korrespondenz
(4014) Von H. Kirst und W. Manekeller,
570 S., gbd., DM 39,–

Die hier vorgestellten Bücher sind nur eine Auswahl aus unserem großen Ratgeber- und Sachbuch-programm.
Bitte fordern Sie unser kostenloses Gesamt-verzeichnis an.

Falken-Verlag GmbH · Postfach 1120
D-6272 Niedernhausen/Ts.

Die Frau als Hausärztin
(4072) Von Dr. med. Anna Fischer-Dückelmann, 808 S., 16 Farbtafeln,
174 Fotos, 238 Zeichnungen, DM 58,–

Kalte Platten
(4064) Von Maître Pierre Pfister,
240 S., 135 großformatige Fotos,
gbd., DM 48,–

Judo
Grundlagen-Methodik
(0305) Von Mahito Ohgo, 204 S.,
mit 1025 Fotos, kart., DM 14,80

Sportfischen
Fische – Geräte – Technik
(0324) Von Helmut Oppel, 144 S.,
mit 49 Fotos, Abb., und 8 Farbtafeln,
kart., DM 9,80

Katzen
Rassen · Haltung · Pflege
(4216) Von Brigitte Eilert-Overbeck,
96 S., 82 großformatige Fotos,
Pbd., DM 19,80

Das Aquarium
Einrichtung, Pflege und Fische für Süß- und Meerwasser
(4029) Von Hans J. Mayland, 334 S.,
mit über 415 Farbabb. und Farbtafeln
sowie 150 Zeichnungen und Skizzen,
gbd., DM 36,–

Hunde-Ausbildung
Verhalten – Gehorsam – Abrichtung
(0346) Von Prof. Dr. R. Menzel,
96 S., 18 Fotos, kart., DM 7,80

Faszinierende Formen und Farben
Kakteen
(4211) Von Katharina und Franz Schild,
96 S., 127 großformatige Farbfotos,
Pbd., DM 19,80

Astrologie
Charakterkunde – Schicksal, Liebe und Beruf – Berechnung und Deutung von Horoskopen-Aszendenttabelle
(4068) Von B. A. Mertz, mit einem Geleitwort von Hildegard Knef, 342 S.,
mit erläuternden Grafiken,
gbd., DM 29,80

Das farbige Kinderlexikon
von A–Z
(4059) Herausgegeben von Felicitas Buttig, 392 S., 386 farbige Abb., Pbd., DM 29,80